法论

第29卷第2辑

李燕 主编

法律出版社

www.lawpress.com.cn

www.falvm.com.cn

学科评价

经济法学

近年来,有关经济法总论的学术研究逐渐遇冷,部分过去从事总论研究的优秀的经济法学者多已转向分论,并在各自研究领域取得了丰硕研究成果。客观地说,由研究分论而转向总论,其实是一个学科的正常生长路径,值得提倡。自2014年起,民法学界开始致力于民法典编纂工作,有关民法的价值理念、精神构造等一系列总论性命题借此得到系统性检视。而经济法学人是否应在民法典编纂的大背景下,重新从总论视角,对经济法与民法等传统学科的关系作进一步梳理,并在此基础上对经济法的一系列理论命题作系统性反思与梳理,值得我们思考。这次民法典编纂,其实肩负了民法由近代民法向现代民法转型的历史使命,经济法应当如何面对呼之欲出的现代民法,是一个值得思考的问题。

评价人:吴飞飞(西南政法大学法学博士,经济法专业讲师)

民法学

在十八届四中全会《中共中央关于全面推进依法治国若干重大问题的决定》提出"编纂民法典"目标的指引下,学界同人从民法典精神、民法典与商法等部门法关系、人格权法应否独立成编等立法体例、民事主体及法律行为等具体制度构造等角度展开讨论,积聚智慧,为编纂民法典提供智力支持。业内同人亦一如既往地就民事生活、民事司法中出现的新问题、疑难问题,从解释学、立法学的角度展开针对性研究,与时俱进地推进民法学的发展。

评价人:徐银波(西南政法大学法学博士,民法专业副教授)

民事诉讼法学

西南政法大学民事诉讼法学科为法学类国家级重点学科，是我国最早享有法学硕士学位和较早享有法学博士学位授予资格的单位之一。1979年开始招收硕士研究生，1993年被国务院学位委员会批准为博士学位点。学科于1987年被评为学校首批校级重点学科，1992年被评为四川省普通高校重点学科，1995年被评为司法部重点学科，2007年被评为国家重点学科。民事诉讼法课程先后被评为“重庆市精品课程”“国家精品课程”“国家精品视频公开课”。民事诉讼法教学团队先后被评为“重庆市高等教育市级教学团队”“国家级教学团队”。当前，民事诉讼法学科正以“国家级重点学科”特色发展为着重点，在学科方向、队伍建设、人才培养、科学研究、学术交流和条件建设等方面稳步前行。

评价人：毋爱斌（西南政法大学法学博士，
民事诉讼法专业副教授）

商法学

商法产生于市场经济并直接服务于市场经济，兼具价值理性与技术理性，是现代市场经济的基本法。作为以商事主体和商事行为法律制度为研究对象的一门学科，商法学最贴近市场，其素材来源于市场，其成果运用于市场，旨在以效益为契合点，探索制度与实践的协调之路。在众多法学学科中，商法学以年轻的姿态寻求独立的安然之居，潜心从市场实践中总结升华已获普遍认可的组织形式和行为习惯，并通过不断试错与改良，助力构建符合市场经济客观运行规律的制度体系。无论是公司法、合伙企业法、个人独资企业法等商事组织法，还是证券法、保险法、票据法等商事行为法，均是商法学孜孜不倦研习的对象，更是商法学坚持不懈累积的硕果。为更好地发挥市场在资源配置中的决定性作用，商法学将继续保持实践面向，综合运用各种相关学科的分析方法，多维度地审视现状、完善规则、传承精神。

评价人：赵吟（西南政法大学法学博士，民商法专业讲师）

刑法学

刑法学是以犯罪、刑事责任和刑罚为主要内容的部门法学科，其独特的研究视域与探讨范畴，使其在众多的法学群体中显得与众不同。作为一门历史悠久的学科，刑法学已具有较为深厚的历史积淀与人文传承，加之当下比较刑法学与学术研讨的盛行，刑法学术之间的思想碰撞更是火花四溅，产生了相当丰盛的理论大餐。刑法学如何以问题意识为导向，采用更有效的多元方法，更加深入地探讨真问题，在"理论—实践"和"实践—理论"之间不停往返循环，使二者能够更好地守护相望，这将是刑法学术研究的最终归宿与使命。

评价人：陈伟（西南政法大学法学博士，刑法专业教授）

刑事诉讼法学

作为国家级重点学科和国内最先招收硕士研究生的学科，西南政法大学刑事诉讼法学科在长期发展中奠定了深厚的学术积累和优良的治学传统，素以学风踏实，团结协作，特色鲜明，科研、教学、人才培养成果显著而在全国享有良好声誉。在学科下设的诉讼法与司法改革研究中心为重庆市人文社会科学重点研究基地，承担的本科核心课程"刑事诉讼法学"先后被评定、立项为"国家级精品课程"和"国家精品资源共享课",而刑事诉讼法学教学团队也被评为国家级教学团队。目前,在学科带头人、著名刑事诉讼法法学家孙长永教授的带领下,学科正以研讨式教学为突破口,积极推进研究生培养模式的改革,着力培养具有扎实理论功底的务实人才和较高研究能力的学术性人才。

评价人:闫召华(西南政法大学法学博士,
刑事诉讼法专业副教授)

知识产权法学

在传统市民社会中,财产和人身规则享受着智识长时间的宁静浸润,可称其为民法时代。在现代商业社会中,科技对商业模式的根本性改造,直接冲击着财产和市场交易规则,使一切处于解构和重造状态,我们称为后民法时代——这样的时代,需要资源涌动的自由!智慧资源已然成为其中的重要交易对象,无论是维护交易安全,还是降低交易成本,都符合增设自由的基本目标。具言之,知识产权理论的深度挖掘、建设性批判、分析工具的选定以及法律规则的初步设定、再次修改、适用性评估,均应以之为准。

评价人:康添雄(西南政法大学法学博士,
知识产权法专业副教授)

目　　录

【名家约稿】

【理论探究】

【实务探微】

【征稿启事】

CONTENTS

【名家约稿】

中国法律史研究范式的形态与变迁

秦　涛*

自清末以来，中国法律史研究已历百年。回顾和反思 100 多年来的法律史学研究历程，不难发现：学术研究深受时代命题的影响，而在不同时期呈现出不同的旨趣与特色，中国法律史学的研究范式亦屡经变迁。所谓"范式"，又译"规范认识"，即法律史学者自觉或不自觉地引以为据的一套不容置疑的理论或信念，这套理论或信念支配了历史学家的工作，决定了他们的提问方式、范围乃至最后的结论。① 中国法律史学脱胎于清末考证学，受近代西方法理学，尤其

---

* 西南政法大学行政法学院教师，法学博士。

项目基金：本文为"2015 年重庆市研究生科研创新项目(博士研究生重点项目)""秦汉法制文书考"(CYB15088)的阶段性研究成果。

① 参见梁治平：《法律史的视界：方法、旨趣与范式》，载《中国文化》2002 年第 19～20 期。关于"范式"的概念，邓正来《中国法学向何处去》一书有很好的讨论，并定义为"彼此不同的理论模式或彼此冲突的理论模式所共同信奉的一整套或某种规范性信念"，所以，近代以来中国法学均受制于一个"现代化范式"。不过，这并不排斥在一个总的范式下，也可以有不同的阶段性形态，如书中就有"阶级斗争范式"等提法。有关中国法学"范式"的界定和讨论，参见邓正来：《中国法学向何处去——建构"中国法律理想图景"时代的论纲》，商务印书馆 2006 年版，第 38～46 页。

是大陆法系法理学的刺激而诞生,因政权鼎革而先后呈现出革命法学、现代法学的面貌,目前,正在从革命法学转向治理法学、从移植法学转向特色法学的过程中。以下将逐一论及。

一、考证学外衣下的托古改制范式

近代以前,法律史的记述集中见于正史《刑法志》及政书。[①] 宋代以降,史学中的“史考”一门勃兴,学者遍考群经诸史之余,也会偶尔涉及对古代法制的考证,王应麟《汉制考》即是其例。不过,这种考证是零散的、附庸性质的,尚不足以言“法律史学”。

清朝末年,中国人对西方的了解由科技领域逐步到政法制度。同治、光绪时期,律家薛允升对汉律进行考证、辑佚,撰《汉律辑存》。[②] 1881 年美国传教士、同文馆总教习丁韪良著《中国古世公法论略》并发表于柏林东方学者大会,1884 年由汪凤藻翻译,在同文馆印书处出版。[③] 这两部著作是笔者目力所及最早的具有中国法律史学性质的论著。此后,杜贵墀《汉律辑证》(1897 年)、孙荣《古今法制表》(1906 年)、章震福《古刑法质疑》(1907 年)、张鹏一《汉律类纂》(1907 年)、《两汉治律家表》与《晋令辑存》(1936 年)、沈家

① 张维新:《中国古代法制史学史研究》(上海人民出版社 2012 年版)以“史学史”的眼光对此作了详尽的梳理,唯“中国古代法制史学史”的提法能否成立,尚需研讨。

② 沈家本《寄簃文存》云:“同治、光绪之间,长安薛大司寇曾纂《汉律辑存》一书”。参见(清)沈家本撰,邓纪元、骈宇骞点校:《历代刑法考》,中华书局 1985 年版,第 2230 页。《汉律辑存》一书存亡情况较复杂,可参见张忠炜:《〈汉律辑存〉稿本跋》,载中国政法大学法律古籍整理研究所:《中国古代法律文献研究》(第 6 辑),社会科学文献出版社 2012 年版。

③ 参见[美]丁韪良:《中国古世公法论略》序,载梁启超编:《西政丛书》(第 7 册),光绪丁酉(1897 年)仲夏慎记书庄石印本。本文发表年份见丁韪良著《西学考略》[《续修四库全书》子部西方译著类第 1299 册据复旦大学图书馆藏清光绪九年(1883 年)同文馆铅印本影印]。他在本文中译本序言称“迨光绪八年余在欧洲著为是篇”,盖记忆之误。该文收入王健主编《西法东渐:外国人与中国法的近代变革》(中国政法大学出版社 2001 年版)时,编者注“此文系丁韪良 1884 年写成”,(第 31 页)亦误,后致学界以讹传讹,特表出之。关于此文比较准确的考证,可参见曾涛:《近代中国的国际法附会论》,载中国法律史学会编:《法史学刊》(2007 年卷),社会科学文献出版社 2008 年版,第 217 页。

本《历代刑法考》、程树德《九朝律考》(1927 年)等著,均系以清代考证学的余力进行法律史学研究。

此类研究,时代普遍较早,且属于清代学术之延续。梁启超曾概括清代学术说:“有清一代学术,可纪者不少,其卓然成一潮流,带有时代运动的色彩者,在前半期为‘考证学’,在后半期为‘今文学’,而今文学又实从考证学衍生而来。”[①]“今文学”的大宗为“公羊学”,其基本手段为“托古”,基本目的为“改制”。早期法律史学的研究范式,即承清代学术之余脉,以考证学的手段,蕴托古改制的微意。以下分别论之。

第一,以清代考证学方法研究中国法律史。这一期的法律史研究者,所处时代较早,大多自幼即接受严格的考证学术训练,具有积蓄厚重的国学功底。梁启超概括清代考证学的十条特色,如“凡立一义,必凭证据”“选择证据,以古为尚”“孤证不为定说”“喜专治一业,为‘窄而深’的研究”等方面,[②]早期法律史的研究也莫不如此。《汉律辑存》《汉律辑证》《汉律类纂》《汉律摭遗》《九朝律考》《晋令辑存》等著作,均以辑佚为基本手段,以竭泽而渔的方法遍搜群籍,钩沉出一条条律令佚文,而后校勘异同,以按语间下己见,并在分门别类的基础上归纳其条例。“学尚搜讨,铢积寸累”是其共同特点。[③]

第二,寻求历史的本土资源以“托古改制”。早期法律史研究的“考证学外衣”很容易蒙蔽人。因此,有学者在评价沈家本《历代刑法考》、程树德《九朝律考》时说:“沈氏尚未超越传统的历史观和

① 梁启超:《清代学术概论》,上海古籍出版社 1998 年版,第 2 页。
② 同上书,第 47 页。
③ 参见钱穆:《国学概论》,商务印书馆 1997 年版,第 268 页。

法律观,其学术贡献仍在传统的律学之内”“这书(指《九朝律考》。——笔者注)的写法完全是传统样式”。[①] 实际上,以辑佚考证为主要特征的早期法律史成果,在“传统法律史式样”的“旧瓶”之内,也装有“新酒”。这可以从两个方面来说明。

一是“托古改制”的微意。如前所述,中国传统史学,包括清代考证学,都并不特别关注对历代法制的考证,为什么清末以来法律史研究会以附庸而蔚为大观呢?这当然是由于西法的“冲击”而产生的“回应”。为了让中国对现代政法理论这类外来事物不加排斥,产生一种“似曾相识”的亲切感,早期研究者们苦心孤诣地搜讨往古典籍,从中寻觅“古已有之”的证据。这应当是法律史研究兴起的最早动因。如丁韪良《中国古世公法论略》序言谓:“盖中国文教之兴,先于泰西……公法之学亦肇端于西国未兴之始”,他这样说的表意在于让西方人“益敬慕中国之声名文物”,而深意实在于让中国人知道“公法萌芽于古之中国、希腊,而渐扩渐充,至于今日而大备”,从而学习和接纳西方世界通行的“万国公法”,[②]不至于产生抵触心理。张鹏一的《晋令辑存》序称“以期稍窥一朝行政之法规云”,[③]似乎中立客观,而其《两汉治律家表》序言则直陈研究目的:“以为审时医国研究之助。”[④]孙荣撰《古今法制表》则是为当时学校提供教材,而“复以泰西相印证”才是原初动机。[⑤] 由此可见,此期法

① 梁治平:《法律史的视界:方法、旨趣与范式》,载《中国文化》2002年第19~20期。

② 参见[美]丁韪良:《中国古世公法论略》,载梁启超编:《西政丛书》(第7册),光绪丁酉(1897年)仲夏慎记书庄石印本。

③ (清)张鹏一编著,徐清廉校补:《晋令辑存》,三秦出版社1989年版,第5页。

④ (清)张鹏一著,何勤华点校:《两汉律学考》,载何勤华编:《律学考》,商务印书馆2004年版,第60页。

⑤ (清)孙荣编:《古今法制表》序,清光绪三十二年(1906年)四川泸州学正署刻本,第3页。

律史成果无不是对西法强势入侵的回应，但其目的并非单纯论证“古已有之”以满足虚荣心，而是为引进西法寻求本土资源的结合点。

二是西方法理的问题意识。早期法律史学者的研究对象，绝非清代考证学内部产生的问题，而是带有西方法理的问题意识。例如，章震福《古刑法质疑》，表面上所写都是上古三代之事，细按其目如“古无重刑说”“古重读法说”“春秋时有律师有证人说”“古司法行政官与司法官分职说”“支那法系辨”等内容，都不难看出，其问题意识来自近代西方法理学。又如，相对晚出的程树德《九朝律考》，尽管程氏在《凡例》中云“是书体例，专以考证为主，不涉论断”，但他在《汉律考》“律名考”卷首引言中提及的正律与单行律的概念、礼律关系、律令转换、经义效力等问题，都显示其具有法理学的知识背景。①

要之，此期的法律史学研究范式可名之为“考证学外衣下的托古改制范式”。这一范式以清代考证学为方法，重视对史料的收集考证；不具有明显的理论预设和理论建构的野心；对中国古代法制，不进行立场性的批判；客观考证之间隙，常流露出“古已有之”的骄傲和“托古改制”的微意。此期的法律史研究“虽然处于‘拓荒’阶段，但却达到了一个起点很高的高度”。② 后来法律史研究的理论范式虽在不断转换，而所借助的材料和成果却多未超过此期的高度。

考证学作为法律史学研究的重要方法，在此后的百年间并没有消亡，而是为各范式倚为研究之利器。直到近年来，法史学的“描

① 参见程树德：《九朝律考》（卷一），中华书局2006年版，第1～2页。

② 参见徐世虹：《秦汉法律研究百年（一）——以辑佚考证为特征的清末民国时期的汉律研究》，载徐世虹主编：《中国古代法律文献研究》（第5辑），社会科学文献出版社2012年版，第22页。

述”与“解释”之别,[①]“史学化”与“法学化”之争,[②]仍然可以依稀辨出考证学在其中的身影。

二、大陆法系法理学范式

几乎与考证学派同一时期或略晚,日本学者已经率先成立了“中国法制史”的名目,并展开研究。1904年,浅井虎夫中译本《中国历代法制史》于1906年出版;1911年,浅井虎夫中译本《中国法典编纂沿革史》于1919年印行。[③] 有学者认为,浅井氏的研究坚守历史考证的基本立场,只是冷静地描述,不多加评论,[④]这恐怕是不确切的观察。据《中国历代法制史》译者“例言”,浅井虎夫的研究是“本德国、罗马各法制史体裁,搜辑祖国数千年文献制度编纂成书”。由此可见,浅井氏的研究虽然方法上仍是“搜辑”而近似考证学,但其所“本”却是德国、罗马法制史,亦即大陆法系的法制史。再看浅井氏两本著作,诸如法源、身体刑、诉讼法、裁判所、民法、人之法、物之法、成文法、法典、习惯法等术语充斥其间,可以看到鲜明的大陆法系法理学的色彩。

清末中国的法制变革,效仿的对象即大陆法系。日本则是大陆法系法理学的一个重要中转站。中国法律史研究的开端,亦是如此。早期考证学范式的问题意识,虽然因西法的冲击而激发,但并没有明显的理论预设,研究手段、术语亦属传统。但浅井氏的研究,

① 参见胡旭晟:《解释性的法史学》,中国政法大学出版社2005年版,第5页。

② 参见胡永恒:《法律史研究的方向:法学化还是史学化》,载《历史研究》2013年第1期;魏建国:《法律史研究进路的法学化:重申与再构——兼与胡永恒先生商榷》,载《法学评论》2015年第6期。

③ 参见范忠信:《反思与超越——中国法制史学“革命史观”之初省》,载《中国法律评论》2014年第3期。

④ 参见[日]浅井虎夫,李孝猛点校:《中国法典编纂沿革史》点校序言,陈重民译,中国政法大学出版社2007年版,第2页。

通过梁启超的引介发挥，对中国法律史研究范式的更新起到了“教外别传”的直接作用。

1906年，旅居日本的梁启超发表《中国法理学发达史论》《论中国成文法编制之沿革得失》。这两篇长文，被视为中国法律思想史与法制史学科的开山，也被学界誉为“具有革命性”的“中国现代法律史学的奠基”（梁治平语），其有别于沈家本的“传统法律史样式”。

梁启超在《论中国成文法编制之沿革得失》“自叙”中，提到该文的参考书目，其中，除中国古籍外，另有7种“日本人所著书”，包括织田万《清国行政法》、广池千九郎《东洋法制史序论》、田能村梅士《世界最古之刑法》、穗积陈重《法典论》、奥田义人《法学通论》、梅谦次郎《民法原理》，以及当时尚无中译本的浅井虎夫《支那法制史》。这些日本人的著作，无一例外地信仰大陆法理学。梁启超素以“治学速成，作文急就，又多剿袭西洋乃至东洋的成说以为己用”而著称，[①]所以，他的两篇中国法律史开山之作自始便具有浓厚的欧陆法理学色彩。如他将法分为社会法与国家法，国家法又分成文法与不成文法，成文法又分为单行法与法典等，[②]其中，实际包含有非常鲜明的价值导向。按中国法学自19世纪末以来，就崇尚国家法、成文法、系统的法典，而认为社会法（习惯法）、不成文法、单行法是落后的形态，直到20世纪八九十年代以来引进英美法系法理学及历史法学派、社会法学派等观点后，才有所转变，梁任公与有责焉。

① 参见胡文辉：《现代学林点将录》，广东人民出版社2010年版，第111页。该书虽有游戏性质，但梁氏亦每自谓“务广而荒，每一学稍涉其樊，便加论列”。参见梁启超：《清代学术概论》，人民出版社2008年版，第89页。

② 参见梁启超：《中国成文法编制之沿革得失》，载范忠信选编：《梁启超法学文集》，中国政法大学出版社2004年版，第123页。

梁启超的弟子杨鸿烈，接踵写作了《中国法律发达史》。诚如梁治平所评价的，“杨氏则不过是梁启超之后，在沿梁氏所开创的方向对法律史作进一步发展的众多学者中比较有代表性的一位罢了”。[①] 除杨鸿烈外，民国时期如程树德、丁元普、朱方等许多学者都撰有《中国法制史》一书，[②]其思路都已与此前考证学派大异其趣，而多沿袭梁氏的路子，以现代法学理论框架（严格来讲是大陆法系法理学框架）容纳中国古代典籍的材料。

大陆法系法理学范式的主要特点是：

第一，相比考证的手段，其更重视组织材料的法学理论框架。同出自清代考证学的历史学，因受西方历史科学的影响而走上了追求纯粹客观、重视史料的科学史学道路，而法史学则与之分道扬镳，自诞生之始就带有浓厚的法学色彩。

第二，以大陆法系法理学的立场，观察并批判中国古代法制。相比考证学派的去理论化和探索法理的倾向，此时期的法律史研究者多带有较为明显的理论预设，并以之观察和批判中国古代法制，提出“诸法合体，民刑不分”“司法与行政不分”“道德与法律混杂不清”“儒家人治，法家法治”等结论。这些并非出自史实考证，而是经由范式转换得出的结论，至今都有不可低估的影响力。包括21世纪初“中国古代有没有民法”“中国古代司法的确定性问题”等争论，也是此种思维的延续。

第三，研究者多具有较深厚的法学理论功底和理论自觉。此时期的法律史著作，对其所引用的西方法学理论大多会进行专门解

---

① 参见梁治平：《法律史的视界：方法、旨趣与范式》，载《中国文化》2002年第19～20期。

② 相关书目可参见赵九燕、杨一凡编：《百年中国法律史学论文著作目录》（下册），社会科学文献出版社2014年版，第1007～1010页。

释，而后再引中国古代法制史材料以佐证之。如果说考证学派的研究方法是“归纳”的，那么，大陆法系法理学范式的方法则具有相当的“演绎”色彩。值得注意的是，虽然当下现代法学范式也有“以今例古”的倾向，但对其所用的现代法学概念却往往“日用而不知”。

大陆法系法理学范式是新的中国法律史研究范式，从某种意义上说，后续的革命法学、现代法学范式，也是这一范式的不同变种而已。其共同特点都是以现代的、西方的法学概念去组织古代的、中国的法律史料，而其不同之处则不过是各人理想中的“西方”是不一样的。由于大陆法系法理学（尤其是古代的罗马法学和当代的德国法学）之高度发达，至今中国法律史研究仍然深受此范式的影响，并以彼之是非标准来衡量此之是非。

另外，我国台湾地区规范因深受大陆法系影响，至今其法制史著作仍然带有相当浓厚的大陆法系法理学范式。大陆的法制史著作多以朝代为序，而我国台湾地区的法制史著作则多以部门法和法学概念为经，由此可见一斑。①

三、革命法学范式

“清末民国开创的法制史学术研究取向，自 1949 年开始发生了重大变化。”②这一消长变化发生在 1949 年，当然是政权鼎革的结果。但追溯其原因，还有两点不可忽略。

首先，这是清末以来社会思潮不断求新求变的必然结果。自清

---

① 如戴炎辉的《中国法制史》（三民书局 1966 年版），分“法源史”“刑事法史”“诉讼法史”“身分法史”“财产法史”五篇，每篇之下又全以现代法学概念如动产物权、不动产物权等为目。林咏荣《中国法制史》（永裕印刷厂 1976 年版）主体部分为法典、刑制、民事、官制、审判，而民事部分又分为“亲属与继承之法例”“物权与债之法例”等内容。

② 范忠信：《反思与超越——中国法制史学“革命史观”之初省》，载《中国法律评论》2014 年第 3 期。

末以来,时代的主题始终是救亡图存。而救亡图存的主要手段,是引进西方的先进理论。在当时理论大量输入的情况下,学术界来不及进行甄别和消亡,社会思潮一味求新求变,甚至到了新就是好、变就是好的地步。那么,革命史观、革命法学的出现,就是事理发展之必然了。

其次,这是当时政治局势影响的结果。清末以来的法律史学,不是书斋的法律史学,而必须学以致用。新民主主义革命的兴起,要求有一种法律学说能够为之服务,所以,法律史学也跟着一转百转,进入革命法学的研究范式。

唯物史观虽然在新中国成立以前就已经异军突起,且取得了巨大成就,成为20世纪上半叶的重要历史流派之一,但对法学取径的法律史学却几乎没有发生影响。所以新中国成立以后,法律史学科直接受苏联专家的影响,改建为“国家与法权通史”课程,“完全阻断了清末以来中国法制史学的教学与研究传统”。[①] 1956年戴克光先生在《人民日报》发表《关于研究中国法制史的几个问题》。该文是比较早地适应时势、运用唯物史观讨论中国法制史的成果。该文建议沿用“中国法制史”的旧称,提出应重视法律史的文化遗产,重视法律史料的保存和整理工作,重视社会意识形态对法制的作用,重视一般性规律基础上的特殊性规律等建议。[②] 这其实是对生搬硬套苏联法学和学科体系的反思,是值得注意的一种好的倾向。可惜的是,学术探讨跟不上政治风云变幻的速度,“1958年掀起批判旧法观点运动,法律继承性遂成为批判的重点。此后,中国法制史的

① 参见张晋藩:《中国法制史学研究六十年》,载《中国社会科学报》2009年9月5日,第5版。

② 参见戴克光:《关于研究中国法制史的几个问题》,载《人民日报》1956年12月30日,第7版。

教学中对古代法制全面否定”。[①] 19世纪70年代末拨乱反正后，革命史观并未就此消退，反而成为了《中国法制史》教科书的基本范式。梁治平在回顾法律史发展的历程时，曾以《中国大百科全书》(1984年)“中国法制史”词条和《中国法制通史》10卷本作为范例进行了精辟的讨论，此处不再赘述。[②]

革命法学范式下的中国法律史研究，固然有“政治斗争取代了学术研究，把学术当成政治的附庸、政治的论证”的弊端，[③]但这也不过是其极端化的表现形态。对革命法学范式的极端形态进行批判，往往会让我们忽略其一般形态潜移默化的影响力。革命法学范式的特点，其实是大陆法系法理学范式的一脉相承。例如，两者都认同法律、法学的一元单线进化；两者都以西方某种法学理论作为衡量、评判中国古代法制的标准。正因如此，即便在20世纪70年代末政治上拨乱反正之后，革命法学作为一种研究范式却迟迟没有退潮。直到2002年倪正茂等学者撰成《批判与重建：中国法律史研究反拨》一书，仍认为当时法律史研究的最大问题是“长期以来‘阶级斗争工具’论成了中国法律史研究的指导性理论，中国法律史被简化为阶级压迫史、阶级斗争史”。[④] 而许多《中国法制史》教科书也仍以五阶段社会形态论为贯穿法律史的基本线索。

一方面，革命法学范式潜移默化地影响了后续法律史的研究；

① 参见张晋藩：《中国法制史学研究六十年》，载《中国社会科学报》2009年9月5日，第5版。

② 参见梁治平：《法律史的视界：方法、旨趣与范式》，载《中国文化》2002年第19期、第20期。

③ 参见曾宪义、范忠信编著：《中国法律思想史研究通览》，天津教育出版社1989年版，第44页。

④ 参见倪正茂主编：《批判与重建：中国法律史研究反拨》，法律出版社2002年版，第3页。

另一方面,革命法学范式也成为后续研究群起批判和反思的对象。老一代学者常致力于重新厘清革命法学范式所提出的如人治法治论、阶级斗争工具论等问题,而在年轻一代的学者则更多表现为一种去意识形态化的留白和遗忘。

四、现代法学范式

20 世纪八九十年代的法律史研究,既对革命法学范式心有余悸,又对考证学、大陆法系法理学范式隔阂已久,所以,表现出一种新的研究范式,即现代法学范式。

所谓现代法学范式,即以当代中国的法律体系和法学理论作为框架,来安放中国古代法律史料。例如,《中国法制通史》(10 卷本),“各卷分别撰写了行政法律、民事法律、经济法律、刑事法律、诉讼法律等”。[①] 与此同时,各“部门法史”也如雨后春笋般地冒了出来,如民法史、刑法史、法医学史、监狱史、司法制度史、律师制度史、商法史、行政法制史、警察史、经济法制史、军事法制史、矿业法制史、财政法制史、教育法制史、诉讼法史、商标法律史、版权法制史、报刊法制史等学科,不一而足。[②] 甚至很多导师在辅导硕士、博士、学士论文时,都通过“朝代+部门法+研究”的方式来确定选题。

从表面上看,这种范式与大陆法系法理学范式很接近,实际上却有显著区别。

首先,现代法学范式使用的框架是当代中国自己的法律体系;大陆法系法理学范式使用的框架则是欧陆法系的法学理论。换言之,现代法学范式的本质是“以今例古”,而大陆法系法理学范式的

---

① 参见张晋藩主编:《中国法制通史》,法律出版社 1999 年版,第 5 页。

② 此类断代法制史著作数量庞大,难以一一具列。参见赵九燕、杨一凡编:《百年中国法律史学论文著作目录》(下册),社会科学文献出版社 2014 年版,第 1012~1028 页。

本质是“以西例中”。尽管在古今中西之变完成后的今天,“西”与“今”往往是一回事,但在清末民国时期并非如此。所以,现代法学范式是以自己熟悉的法学理论来理解自己陌生的古代法制,而大陆法系法理学范式则是以自己陌生的法学理论来解释自己熟悉的传统法制。两者之间的这一区别显而易见。

其次,现代法学范式相比之前的革命法学范式,带有去理论化的目的;大陆法系法理学范式相比之前的考证学范式,则带有较强的理论色彩。从考证学的归纳方法、史学进路,到大陆法系法理学范式的演绎方法、法学进路,其理论预设和理论色彩的增强不难想见。现代法学范式对自身的理论预设并非自觉选择的结果,而是出于对革命法学范式的抛弃,不得已采用了日用而不知的现代法律体系与法学概念,是一种权宜之计。

最后,现代法学范式对现代法学的概念、术语,纯属借用其躯壳而已;大陆法系法理学范式则在运用欧陆法理学的内蕴。我们翻开一本民国时期的法制史论著,可以看到著者对其中使用的法学理论、名词都会进行相应阐释。而当代的法制史教科书则默认读者明知其含义,不加解释。甚至有的著作在借用一些富有较强理论预设的概念时,会专门说明只借用其字面意思,并非在严格意义上使用。如许多法制史教科书偏爱使用含义较宽泛的“民事法律”一词,而非“民法”一词,盖因“民法”(civil law)一词在法理学上别有含义的缘故。

所以,现代法学范式只能成为法律史研究中的一种过渡形态。在找不到更合适、更贴切的概念、语词的情况下,姑且借用当代正在使用的法学概念。在现代法学概念、语词的掩护下,法律史研究取向正朝着多元化的方向蔓延。从这个意义上说,现代法学范式虽然貌似最不具有个性的范式,却已经代表了一种反思的倾向。

五、从移植法学到特色法学

现代法学范式难以满足法律史研究的需要,也不可能是最终的理想形态。尤其是姑且“借用”的现代法学概念,不可能只具备法律史研究者所需要的躯壳,其必然如影随形地具有相应内涵。例如,“司法”这样看似中立的语词,也隐含着立法、司法、行政分立的理论预设。甚至“法律”一词在中国古代也难以找到对应的概念。21世纪初期,许多法律史学界的争论都是因“正名”问题没有解决而造成的。对现代法学范式的不满,使法律史研究者开始寻求新的研究思路。曾经被革命法学所掩盖和弃用的考证学、大陆法系法理学范式,也借由不同途径而重新复活。

首先,是考证学范式的复兴。

考证一直都是历史学,包括法律史学研究的基本方法。考证学范式的复兴,大体上有三条途径:第一,法律史代与代之间的薪火相传与隔代遗传。即便在革命法学最火热的年代,也有一批法律史学者能够娴熟使用考证学的方法。他们通过师徒授受,使之发扬光大。20世纪80年代以来,沈家本、程树德等考证学派的著作得到整理和重新出版,成为学界必备的参考用书。许多年轻一代的学者由此开始学步,完成隔代遗传。第二,新法律史料的出现与整理。20世纪下半叶以来,随着城市化的进程和科技发展,考古发现日新月异。以秦汉法制史料为例,1975年睡虎地秦简、1983年张家山汉简、1989年龙岗秦简、2002年里耶秦简、2007年岳麓秦简的发现,①

---

① 参见徐世虹、支强:《秦汉法律研究百年(三)——1970年代中期至今:研究的繁荣期》,载中国政治大学法律古籍整理研究所编:《中国古代法律文献研究》(第6辑),社会科学文献出版社2012年版,第95~96页。

使注重“解释”的革命法学、现代法学无用武之地，而不得不重新倚重擅长“描述”的考证学。另外，如南部县档案、徽州文书等新史料的发现，都促成了考证学的复兴。第三，史学界的介入。历史学者转行或友情客串法律史研究，也为法律史学界带来了巨大冲击。法律史研究者在佩服历史学者扎实的研究手段之余，也会借鉴、效仿。目前，许多高校法律古籍所的成立，多有历史学、文献学背景的学者在其中起到的支柱作用。

目前，法律史学界偏重考证学的研究，著者如社科院法研所杨一凡先生主编的《中国法制史考证》及续编，以及多种大型法律古籍整理成果；徐世虹、李雪梅教授主持的中国政法大学古籍所，张伯元、王沛先生主持的华东政法大学古籍所偏重于出土法律文献的整理与研究。考证学的取向，很大程度上消解了此前近百年西方或现代法学理论对法律史的主宰作用，也引起了部分法律史学者的警惕与反思，引发了法律史究竟应该“法学化”，还是“史学化”的争论。不论如何，考证学的复兴都是现代法学范式之下的多元化取向之一，对法律史学研究有利无害。

其次，是大陆法系法理学范式的复活。

随着革命法学范式的兴起，大陆法系法理学范式在我国没有市场。礼失求诸野，一方面，此一范式随着国民党政府南渡而在我国台湾地区落地生根；另一方面，在大陆法系法理学范式的发祥地日本，此范式仍在中国法制史研究领域占主流地位。20 世纪 80 年代以来学术解禁后，随着海内外学术交流的增加，习惯于革命法学话语系统的大陆法律史学者面对日本、我国台湾地区的学者时，难免有一种艳羡心理。[①] 对其法律史研究范式的引进,自属理所必然。北京大学张建国教授在20世纪末引进日本学者的“律令说”,厦门大学周东平教授自2013年起持续推出《法律史译评》以主要译介日本法律史学,中国政法大学古籍所也在此方面不遗余力。这些研究和译介,都有效推进了学术交流,打破了现代法学范式下“无路可走”的尴尬窘境。

除此之外,一些法律史研究者引进西方的社会科学方法,对中国法制史料进行全新解读,也是一种新取向。其实,早在民国时代,瞿同祖先生的《中国法律与中国社会》即已进行类似尝试。不过,由于革命法学的一统天下,使这一尝试戛然而止。近年来,黄宗智以“历史社会法学”的域外学术方法研究法制史,取得了令人瞩目的成就,也当属于此一取径。值得注意的是,这一取径与大陆法系法理学范式的根本不同在于:只取西学之工具,而不取其观点。

其实,上述考证学、大陆法系法理学范式的“复活”并非单纯复制,引进西方社会科学方法的取径也非“以西例中”。在多元化的发展中,可以看到一个一以贯之的取向:从移植法学转向特色法学。

中国法律史研究从诞生至今,一直都在“以今例古”“以西例中”,唯独很少“以古观古”“以中观中”。[②] 随着现代学术走向后现

① 倪正茂在《法史思辨:2002年中国法史年会论文集》前言中多次提到,“至少应当撰就不致日本、中国台湾学者不屑一顾甚至掩面窃笑的著作”“我真诚地希望,我们的法律史学界永远以辩证的态度看待一切研究成果,承认我们的不足,庶几才不致永远为历史学界,为日本的、中国台湾的法律史学界所嘲笑”。这在一个侧面反映了法律史学者面对日本、我国台湾地区同行及历史学界时的心理。

② 借用《老子》“以×观×”句式。赵汀阳先生对此有精辟的阐释:“抽象地说就是‘以×观×’,即如果准备有效地分析×,就不得不在×的立场上去理解×为什么这样做而不是那样做,这样才能形成‘知识’,而如果从自己的偏好去分析×,那么永远只能生产出‘批评’。”参见氏著:《没有世界观的世界》(第2版),中国人民大学出版社2005年版,第4页。

代学术,以往学界对“现代”“西方”“普世”的迷思得以反省,“普世价值”衰微而“地方性知识”崛起,“在中国发现历史”构成对西方中心主义的强有力挑战。[①] 这些学术思潮,都对法律史学界产生了相应影响,尤其是对年轻一代的学者构成冲击。过去借用西方、现代法学概念的做法,已经无法满足法律史研究的需求。正如历史学者侯旭东指出:“史学研究不能止步于考证事实,还需要构建解释,这条路很漫长。对中国而言,目前恐怕首先要从基本概念的重新厘定开始。这些概念不应是盲目照搬西方,而要立足过去的事实潜心归纳与定名,‘到最基本的事实中去寻找最强有力的分析概念’。”[②]不唯历史学如此,法律史学更当如此。事实上,有一些学者已经进行了先期的探索,开始寻求中国法律史的自我。

早在民国时期,陈顾远先生的《中国法制史》就已经针对中国古代法制的独特性进行了个别归纳,而集中的更具理论性的论述见氏著《中国文化与中国法系》。近年来,俞荣根等编著的《中国传统法学述论——基于国学视角》按照国学的思路将传统法学划分为礼法学、刑名学、律学、唐律学、刑幕学、宋(慈)学、沈(家本)学七大类,七篇之前特冠以“中华法系学”以综罗之,书后附“简牍学”以伸延之。[③] 这是中国法律思想史领域的新尝试。杨一凡提出“中国古代的法律体系与现代中国的法律体系的基本组成要素不同,它不是以诸如宪法、行政法、民法、商法、经济法、刑法、诉讼法等法律部门为基本组成要素构成法律体系,而是以不同内涵和功能的法律形式

① 参见[美]柯文著:《在中国发现历史》(增订本),林同奇译,中华书局 2002 年版,第 201 ~202 页。

② 参见侯旭东:《近观中古史:侯旭东自选集》,中西书局 2015 年版,第 2 页。

③ 参见俞荣根、龙大轩、吕志兴编著:《中国传统法学述论——基于国学视角》,北京大学出版社 2005 年版。

表述法律的产生方式、适用范围、效力等级和法律地位”,[1]并通过多种作品做出示范、推进研究。[2] 这是中国法制史领域对现代法学范式的突破。以上所述,多是理论层面自觉突破之尝试。而整个范式的转移,则端赖于更多对具体问题的精细考证与研究。

六、结语

回顾中国法律史学的发展历程,我们不难发现:自考证学范式之后,法律史学就以一种“史论”的形式,积极参与百年以来中国法律与法学的建设。然而,此种“古已有之”“以古为鉴”式的研究范式,只能为法律与法学的建设擂鼓呐喊、遥为声援,而并不能实际增添一砖一瓦。值此之故,当法律、法学建设已渐上轨道之后,法律史学的地位便明显下降。[3] 不过,正如有识之士所云:“法史学从法学‘领军’地位的淡出,应该是一种必然的学术回归。这种回归对于法史学而言未尝不是一件幸事。它使我们有时间从容地审视学科形成后学术研究的得失;审视并纠正近代以来人们对古代法越来越深的误解与偏见。”[4]在冷板凳上从容认识中国法律史的“自我”、耐心破解传统法文化的遗传密码,仍应是当今中国法律史研究者的职志。也唯有如此,法律史学方有希望发出值得倾听的声音。

---

① 参见杨一凡:《中国古代法律形式和法律体系》,载杨一凡:《重新认识中国法律史》,社会科学文献出版社2013年版,第25页。

② 系列作品如《中国法制史考证续编》(第13册),社会科学文献出版社2009年版;汇编文集如《中国古代法律形式研究》,社会科学文献出版社2011年版;论著如《历代例考》,社会科学文献出版社2012年版。这些作品,都是以“法律形式”而非“法律部门”为线索进行考证式研究的。

③ 自20世纪80年代“人治法治问题大讨论”之后,中国法制建设与法学研究便步入正轨。法律史学的最后辉煌在此,其衰落亦从此开始。

④ 参见马小红:《中国法史及法史学研究反思——兼论学术研究的规律》,载《中国法学》2015年第2期。

【理论探究】

论我国个人信用修复机制研究

——以美国实践为参考

梁　宵[*]　胡于恒[**]

随着征信业在全球的发展，信用经济[①]已形成一定规模，现代市场经济逐渐由传统的实体货币向货币经济的高级形式——信用货币[②]转向。我国正不断汲取国外成功经验，同时结合国内信用经济市场的发展现状，积极建设规范化的信用法律体系。但是，信用具

---

* 西南政法大学 2015 级硕士研究生。

** 西南政法大学 2015 级硕士研究生。

2015 年度研究生科研创新计划项目《互联网分期付款与征信法律问题研究》，批准号：XZYJS2015213，一般项目类型。

① “信用经济”一词由德国旧历史学派代表人物布鲁诺·喜尔布兰德（Bruno Hildbrand）提出，他以交易方式为标准，把社会经济的发展划分为三个时期，即物物交换为主的自然经济时期、货币媒介交换的货币经济时期和信用为媒介的信用经济时期，从这个意义上讲，信用经济是社会经济的高级形式。

② 熊彼特认为，更有用的方法可能是从信用交易着手，把资本主义金融看成是一种清算制度，它抵消债权债务，将差额转移到下期——使“货币”支付成为特殊情况，没有任何特殊的根本重要性。换言之，从实际上和分析上讲，一种“信用货币理论”可能要优于一种“货币信用理论”。

有非实体性,这使在限定时间内能获得一定经济利益的预期目标难以实现,失信现象层出不穷并屡禁不止。为保障授信方的经济利益,我国已建立了一系列失信惩戒机制,如市场性惩戒、司法性惩戒、行政性惩戒和社会性惩戒等制度。与此相对应的是,我国个人信用修复机制①发展十分缓慢,目前,仅构建了信用更新制度、异议处置流程和自主解释说明 3 个框架。这对失信人合法权益的保护十分有限,同时,学界相关研究成果亦相对较少。截至 2016 年 6 月 7 日,以"失信惩戒"为篇名在 Cnki 数据库中进行文献检索,共获文献信息 224 条,包括硕士学位论文 6 篇,期刊论文 53 篇,其余均为报纸文章。而用同样的方法对"信用修复"进行检索,共获得文献 22 条,包括期刊论文 8 篇,其余为报纸文章。从研究成果来看,学界侧重于研究失信惩戒机制,而对个人信用修复机制的理论研究水平过低,更缺乏从法学角度进行的深入思考。我国的信用经济同样是法治经济,亟须学界为个人信用修复相关法律制度的完善提供理论支撑,进而健全我国社会信用体系。

一、问题认识:失信惩戒与信用修复的错位

失信,是指在信用(授受)关系中,受信人未能按照法律的规定、商业习惯或者双方约定履行自己的义务或承诺,而对授信人或者基于其承诺而产生合理信赖的人造成的不利的行为或状态。② 守信人的失信行为往往直接损害授信人的经济利益,对其造成不必要

① 本文主要研究对象为"个人信用信息",为与标题保持一致,行文使用"信用"一词,特此说明。

② 参见叶世清:《征信的法理与实践研究》,法律出版社 2010 年版,第 211 页。

的财产损失。对于这种类似“违约”责任的承担，失信惩戒机制[①]能实现理想的实施效果。一般而言，失信惩戒倾向于通过重罚震慑受信人避免失信行为的发生，或者通过增加失信成本降低“理性经济人”的失信率。在这种制度设计下，守信方，特别是失信人的合法权益很难得到有效保护，而且，单一的惩戒压制也无法从根本上解决失信问题。过度依赖失信惩戒机制，一方面会增加消费者对信用消费的恐惧心理；另一方面会扩大信用经济再消费的周期，进而阻碍信用经济的发展。

制度设计不能仅囿于惩罚过错，还应倾向于修复已发生的过错，我国现行失信惩戒机制维持的是一种“以恶制恶”的破坏性秩序平衡，“即使将罪犯关进监牢也只能求得短期的安宁与秩序”。相较而言，个人信用修复制度[②]对信用经济是一种具有建设性的制度设计。我国信用修复机制仅明确了个人信用修复权利包括监督权、异议权和解释权，无法为信用主体提供多维度的个人信用优化途径。因此，有必要重新审视我国个人信用修复机制的现状，思考如何强化信用修复机制的作用，研究信用主体的信用修复权利。

申言之，信用是现代市场经济有关商品流转和资金融通的核心，失信惩戒机制不足以充分实现“信用”的经济价值，甚至不利于信用经济的良性发展。“尽管对失信者需要从经济上惩罚、道德上谴责甚至社会活动能力上予以限制，但失信惩戒机制绝对不是对失

① 失信惩戒，是指相关的组织机构包括主体、客体和征信中介机构共同参与的，以企业和个人征信数据库的信用信息记录为依据的，综合运用法律、行政、经济和道德等多种手段，使失信者付出与其行为相应的经济和名誉代价，直至被社会淘汰；使守信者得到各种方便和利益，获得更多的市场机会，不断发展壮大的一种制度安排。

② 国家标准（GB/T 22117－2008）中将“信用修复”定义为：依法改善对受信方的负面记录和评价，允许受信方对其失信行为的客观原因进行解释的技术手段。广义的信用修复是指失信主体纠正其失信行为的过程。

信者要‘一棒子打死’,而是要达到惩罚与预防的双重目的。”失信惩戒只是规范信用经济市场的手段之一,而不是规范信用经济市场的目的,规范信用经济市场的目的是保护守信人的合法权益和守信利益。过度强调失信惩戒机制不仅弱化了对受信人合法权益的保护,加重了失信惩戒的实施难度,而且也不利于减少失信行为。相较之下,信用修复机制能够为失信人再次进入信用经济市场提供可能。

二、现状分析:我国信用修复机制的不足

随着我国信用经济的不断发展,传统的消费方式与消费途径逐渐退出舞台,信用借贷、信用消费等新兴模式不断翻新。与此同时,在信用法律体系尚未健全之际,信用经济市场产生了大量失信行为。

(一)不良信用记录的形成

目前,在我国信用经济市场中,不良信用记录的形成一般有两种情形:一种是由个人主观故意造成的不良信用记录,例如,信用卡恶意透支,故意拖欠房贷、车贷等大额贷款,不履行担保人代偿责任等情况;另一种是由非本人原因或本人原因造成但“情节轻微”的不良信用记录,包括身份盗用、信息提供机构提供错误信息、信息主体对授信条款误读等情况。由此可知,不良信用记录的形成包括主观恶意性和非恶意性两种情况。不管针对恶意性失信行为,还是非恶意性行为,失信惩戒机制确实提供了必要的规制手段,但通过规范信用主体的行为以维护信用经济秩序才是失信惩戒的目的。因此,有必要在信用主体承担失信责任之余,赋予其相应的信用修复权利,使信用主体能够积极处理不良信用信息,注重个人信用的维护。

(二)信用修复机制的制度框架

我国的信用修复机制尚处于初级阶段,[①]主要包括信用信息更新、异议处置、自主解释说明三方面业务:(1)信用信息更新。我国采用的是信息生命周期模式,不良信用信息保存期限为5年,只要信息主体5年内没有产生新的负面信息记录,相应的不良信息就不再予以展示。(2)信息主体的异议处置。[②]当信息主体对自身信用报告存在异议时,可以就报告的真实性和准确性向征信中心或者数据报送机构提出核查申请。若查明该信用报告信息有误,征信中心或数据报送机构应予以修改;若核实信息存在困难,则应添加"异议标注",以表示该信息尚无法准确核实。(3)个人及信贷机构的自主解释。一方面,个人信用报告中包含了"本人声明"的内容,其一般是指,信息主体不服异议处理结果或认为存在需要进一步说明的特殊情况时向征信中心提交的100字以内的个人声明。个人声明为信息主体提供了一定的解释空间,信用报告的阅读者也可以更加客观地判断其信用水平。除此之外,个人信用报告中还包含了"机构说明"的内容,其主要记录了由金融机构上报的,对信用主体的不

---

① 《征信业管理条例》第16条规定:征信机构对个人不良信息的保存期限,自不良行为或者事件终止之日起为5年;超过5年的,应当予以删除。在不良信息保存期限内,信息主体可以对不良信息作出说明,征信机构应当予以记载。第25条规定:信息主体认为征信机构采集、保存、提供的信息存在错误、遗漏的,有权向征信机构或者信息提供者提出异议,要求更正。征信机构或者信息提供者收到异议,应当按照国务院征信业监督管理部门的规定对相关信息作出存在异议的标注,自收到异议之日起20日内进行核查和处理,并将结果书面答复异议人。经核查,确认相关信息确有错误、遗漏的,信息提供者、征信机构应当予以更正;确认不存在错误、遗漏的,应当取消异议标注;经核查仍不能确认的,对核查情况和异议内容应当予以记载。除此之外,《个人信用信息基础数据库管理暂行办法》和《个人信用信息基础数据库异议处理规程》对此作出相应规定。

② 《个人信用信息基础数据库管理暂行办法》规定,个人认为本人信用报告中的信用信息存在错误时,可以通过所在地中国人民银行征信管理部门或直接向征信服务中心提出书面异议申请。

良信用信息记录所做的说明，且金融机构的解释往往比个人的解释更具有说服力，也更容易为其他信用报告使用者所接受。

（三）信用修复机制的成本分析

我国现有的个人信用修复机制中明确了个人对本人信息享有查询、异议和投诉等权利。个人信用修复机制的主要目的是给消费者提供一个修复信用记录的机会，消费者可以通过修复信用记录，从而降低因不良信用所造成的高成本的信用消费。其主要表现在两个方面：第一，信用更新无须消费者付出修复成本，修复机制要求征信机构经过一定时间后更新信用信息记录，从而无须消费者时刻关注信息记录，并且省去修复成本。第二，异议申请提供了修复渠道，能够直接向征信机构提出异议，并结合说明解释，标注不良信用信息。但是，这些权利围绕着具有被动性的修复行为。例如，消费者在个人信用信息出现不良记录之后，需要等待法定期间届满才能主动行使修复权。被动的修复与监督在一定程度上存在重合之处，而这种重合直接导致了“事后修复”成本的增加。首先，尽管有关“异议申请”流程的规定较为清晰具体，但是，从提交异议申请至得到回复需要经过多个环节，耗费大约20天时间。[①] 其间，两个关键环节存在问题：一是提供证据环节，对于个人来说，若要证明信用信息确实存在不当之处，搜集相关证据在具体操作层面十分困难；二是修复信用信息所需期限的确定，长时间投入对个人也是巨大的成本代价。信用主体启动修复程序时重点关注这两个环节，因为，这些不仅直接关系修复目的实现，而且关系修复成本的高低。其次，

① 《个人信用信息基础数据库异议处理规程》规定，本人在当地人民银行提交异议申请，当地人民银行受理异议处理申请后提交征信中心，再由征信中心向金融机构总部发出协查函，金融机构总部要求涉及的异议分支机构进行核查，核查后金融机构回复征信中心，最后由当地人民银行回复异议申请人。

"说明解释"自身所承载的可信度高低与效力大小,也是信用主体关心的问题。征信机构很难对"说明解释"做出事前监管和事后追究是因为,一方面,事前监管所带来的成本极大,不仅需要解释方的进一步承诺与证实,还要承担一定监管责任,这显然不是征信机构所期望的;另一方面,事后追究涉及征信机构的追责成本及其自身的责任承担问题,这也是征信机构所不愿见到的。

我国现行的《征信业管理条例》《个人信用信息基础数据库管理暂行办法》《个人信用信息基础数据库异议处理规程》主要保障信息主体的知情权、异议权、解释权等修复信用的权利。但是,信用主体在行使这些权利的过程中缺乏积极性,一方面,是因为信用主体享有的修复权十分有限,修复的空间被局限在很小范围内,进行修复的边际成本比较低;另一方面,是信用主体不熟悉修复程序,对权利的内容难以全面把握,增加了信用修复的难度与成本。这在一定程度上反映出我国信用修复机制的薄弱,有限的个人信用修复权难以适应现实需求,缺乏可操作性。信用修复机制在发达国家已经十分成熟,大多数国家通过立法赋予了相关法律主体专门的信用修复权,这为我国信用修复机制的完善提供了宝贵的经验。

三、域外探索:美国信用修复机制的经验

美国的征信业发展非常成熟,其拥有世界级的征信机构和成熟的信用经济市场,目前已形成了以法律规范为指引、以第三方机构为主体、以公众监督为保障的健全的信用修复机制,这对我国信用修复机制的建设提供了有益参考。

(一)以负面信息为中心的美国信用修复机制

美国个人不良信用修复机制的设计主要在于解决信用报告中的两类负面信息:一类是因信用局和信用信息提供机构过失或过错

产生的错误负面信息，在这种情形下，信息主体可以通过现场申请、电话申请、网络申请等多种方式向信用局或信息提供机构提出更正申请，及时更新个人信用信息；另一类是消费者在信用经济市场上的不良信用行为所产生的负面信息，对于这类不良信用信息，任何机构和个人在规定期间届满前都无权更改或删除。鉴于上述严格规定，美国信用修复机制从另一个角度，充分保障了信息主体修复个人不良信用的需求，例如，美国联邦贸易委员会网站提供的有关信用修复的信息。其实，美国信用修复机制并没有严格区分负面信息的两种类型，并对其采取不同的应对措施。换言之，所有的信用修复机制同样地适用于因不同原因产生的负面信息。

(二)美国信用修复机制的立法保护

美国的信用修复机制主要体现在以下三部法律中：第一，《公平信用报告法》中明确规定了消费者拥有免费获取信用报告以及对错误信息提出异议的权利，除此之外，还在异议处理程序中进一步规定了受理消费者异议的机构有对异议进行核查，并向消费者反馈核查结果的义务。第二，《公平及准确信用交易法》明确消费者拥有免费信用报告获取权、信息异议权、更正权和司法救济权等权利。第三，《信用修复机构法》明确了信用修复机构的主要业务，例如，指导消费者向相关机构提出异议申请，修改错误信息，提出信用咨询服务以及解决方案，帮助消费者提高信用评分，并利用信用报告和评分为消费者提供信用信息服务，为消费者提供个性化的信用修复服务等业务。同时，规定了信用修复机构的禁止行为，例如，不得提前收取费用，不得做出误导性或不真实的陈述等行为。上述三部法律主要通过规定消费者信用修复的程序，明确了信用修复机制中法律主体的权利和义务，其中，消费者的权利主要包括信用知情权、异议权、修复权等类型。

(三)美国信用修复制度的优势

通过分析美国信用修复制度,可以发现我国目前的制度设计更侧重于对权利的确认,即确认信用信息的正确性。在这种制度设计下,信用主体在具体的信用纠纷中行使信用修复权利非常困难,最终信用主体修复信用的现实需求也难以得到满足。具体来说,信用主体应该能够通过第三方评估自身负面信用严重程度和还款能力,向信贷机构提交还款意愿书,或者通过选择较容易获得审批的零售公司,申请消费信用卡,重新积累信用。修复渠道的限制导致我国的信用修复机制缺乏激励性,难以激励信用主体主动选择信用修复手段。在美国,信用修复工作是由专业机构来完成的,并受到法律保护。美国的经验表明,信用修复机构是信用修复机制的重心,市场经济的自由竞争是效率的选择,修复机构的市场化是修复权效率的选择。信用修复机构在《信用修复机构法》的规范内自主拓展多种多样的修复渠道,极大地丰富了信用主体的修复权,带动整个信用经济的发展。尽管我国尚未设立信用修复机构,但在实践中,已经出现了大量的具有营利性的"信用修复中介",对这些中介机构,亟须政府出台法律法规确认其合法的市场地位。

四、制度反思:我国信用修复机制的出路

(一)引入第三方信用修复机构

除了保障信用主体的信用修复权利,在我国引入信用修复机构还有以下五个方面的考量:(1)丰富信用修复手段。现有的修复拘泥于"被动"监督,缺乏按照自己意愿主动修复不良信息的渠道,而信用修复机构具有合法资格,在法律允许的范围内能够采取更具经济效益的修复手段。(2)提高信用修复效率。社会朝着专业化发

展,信用修复机构正是具有专业修复能力的中介机构,对我国现阶段不熟悉信用修复程序的信用主体来说意义重大。同时,修复机构的批量业务会减低修复成本,进而提高征信机构的修复效率和效益。(3)减少失信损失。失信行为首先对失信人带来巨大的不利影响,法律责任的承担就是其中一项,而信用修复可以让非恶意失信的信用主体尽可能减少损失。而对作为受害方的授信人来说,如果能有机会通过信用修复机构的斡旋,直接与失信人协商补偿措施,挽回额外损失,对当事双方都利大于弊,甚至能够为以后的交易创造机会。(4)节省惩戒资源。信用修复具有和失信惩戒同样的责任承担理念,这两个机制具有一定程度的互补性。对于愿意改过自新的失信人,适用失信惩戒机制并不合适,而选择信用修复机构修复信用会产生同样的承担责任效果。相较于惩戒手段,信用修复机构可以尽可能地节省资源,进而将这些资源投入失信惩戒机制的必要环节。(5)消解失信恐惧。"不二过"的教育理念自古传承,信用修复机制提供失信后的补救措施,这无疑降低了是非判断的恐惧心理。借助信用修复机构的中介角色,信用主体在修复不良信用的过程中,避免了与相对方的直接接触和不必要冲突。

(二)明确信用修复机制的主导地位

信用修复是信用纠纷的多元纠纷解决方式之一,"当先天的平等和公正的游戏规则被加害人破坏时,被害人倾向于选择成本最小的策略技术来恢复过去的平衡"。在处理信用纠纷时,失信惩戒机制往往将授信人搁置一旁,旁观失信人承担失信责任。信用修复机制则将选择权赋予失信人,这不仅可以促进受信人真正回归信用经济,而且,也有利于弥补授信人因受信人的失信行为所造成的损失,故授信人通常也更愿意通过信用修复方式解决纠纷。但这并等于说失信惩戒机制一无是处，实践证明，失信惩戒机制在处理信用纠纷案件中具有立竿见影的效果。因此，我们应依据具体案情和当事人意思自治，对不同的信用纠纷案件适用相应的纠纷解决方式。这样不仅可以减少社会资源浪费，而且可以充分发挥信用主体的能动性，使当事人在沟通、合作与相互妥协中实现利益最大化。

（三）完善信用修复机制的立法保障

“目的是全部法律的创造者。每条法律规则的产生都源于一种目的，即一种事实上的动机。”法的目的是对一定利益的保护。然而，我国现行信用修复机制的修复方式倾向于行政手段，即通过规范和约束征信机构来规范信用经济市场，这难以满足信用主体行使信用修复权利修复信用的现实需求。通过分析美国经验，美国的信用修复机制充分实现了专业化分工，鼓励设置具有专业修复信用能力的信用修复机构。从经济学视角分析，信用修复机构将市场因素引入信用修复机制，通过专业的中介机构提供修复服务，一方面，可以弥补信用主体对信用修复的认知不足；另一方面，有利于实现规模修复的经济效应。可见，信用修复机构作为第三方组织本身不享有信用修复权利外，其从事信用修复活动来源于信用主体的授权。信用主体享有的信用修复权利除了我国信用修复机制规定的查询、异议、投诉等权利外，还应包括修复权。修复权是一个主动性权利，信用主体应该拥有选择是否修复以及如何修复的权利。目前，我国信用修复机制尚未确认修复权，因而缺乏主动性和灵活性。因此，我国有必要引入信用修复机构，为信用主体行使信用修复权提供充分保障。

综上所述，我国社会信用体系的未来建设的方向应该是兼顾失信惩戒机制和信用修复机制，但就目前所处的阶段而言，需要重点突出信用修复机制的价值,借鉴美国等发达国家的成功经验来完善我国的信用修复机制。鉴于我国与美国的信用经济发展程度的不同,在我国设立信用修复机构对于信用主体的修复权,甚至对作为权利集合的修复权利都具有十分重要的意义。在信用经济发展还处于初级阶段、制定相关信用修复法律法规时机还未成熟的当下,我国迫切需要建立起信用修复机构,以推进信用修复机制的完善,促进我国信用经济健康、快速地发展。

五、结语

长期以来,对信用体系建设的不重视、完善信用立法的缺失、失信救济措施的低效被认为是我国无法从根本上解决信用纠纷的原因所在。这一思路导致学界集中研究失信惩戒机制,希望以此为突破口寻求出路,而忽视了对信用修复机制的探索。现代法学的价值选择已经从"义务本位"转向"权利本位",失信惩戒机制不再适应现代法学的价值选择,信用修复机制正是实现信用主体信用修复权利的最佳途径。鉴于国外的成功经验,笔者建议,尽快引入信用修复机构,并逐步将其纳入法律调整范围,切实保护信用主体的信用修复权利,促进信用经济的长远发展。

论我国大数据开发利用规制制度的完善

卢垚冰* 史祥琳** 吴之洲***

一、大数据应用之隐患及我国制度供需不平衡

大数据应用虽为现代社会发展带来诸多好处，但任何新兴事物的发展皆伴生着亟待解决的问题。从美国政府的审查中发现：大数据正以一种不为人知的方式破坏政府在房屋、信贷、就业、健康、教育和市场中对个人信息的保护，大数据技术或将侵犯个人隐私、泄露社会信息，甚至损害消费者利益。因此，笔者将从以下四个方面讨论大数据收集应用中存在的隐患，并结合我国当前立法现状分析制度供需问题。

* 西南政法大学2013级应用法学院本科生。

** 西南政法大学2013级民商法学院本科生。

*** 西南政法大学2013级经济法学院本科生。

基金项目：重庆市教育委员会大学生创新创业项目“大数据利用与个人信息保护研究——以数据的法律属性及其归属为出发点”（项目编号：201510652015）的研究成果；中国法学会部级一般项目“国家安全背景下互联网管理领导法律保障机制研究”（项目编号：CLS（2014）C19）的阶段性成果；重庆市教委科技项目“智慧城市建设的配套规范研究”（项目编号：KJ1400103）的阶段性成果。

(一)隐私披露及数据化人格

数据化人格,即指大数据将个人特征以三维数据模式反映在数据库中,并以此建立一个比个体更了解其自身的数据模型。该模型的建立极大地冲击了传统的数据脱敏技术和信息匿名化技术,将公民隐私暴露无遗。在大数据时代前,利用脱敏技术过滤敏感数据加之匿名化处理,可防止个人隐私被披露,但随着数据来源增多、分析技术革新,社交网络和互联网公司通过性能分析算法创建了“数据回音室”,并利用该回音室的反馈循环系统多维度反映个体特性,经上述技术分析得出的数据具有明显的身份特征。在诸如“美国棱镜计划”的监视下,保有公民私密空间已成奢望。一般而言,数据收集方会利用各种渠道收集人们的数据,分析方则通过处理海量数据来还原其人格特征,而数据主体却对这一过程全无感知,我们无从知晓自己的数据如何被收集或将被用于何种途径。大量数据挖掘系统依靠急剧增加的网上数据量,通过对看似零散、毫无关联的简单信息进行复合运算并放大个人行为即可还原其生活全貌。例如,美国塔吉特(以下称 Target)公司利用数据挖掘系统分析顾客在其官网不同页面的浏览时间、购物频率等记录来预测顾客的未来需求;Target 公司通过分析女性购买专用乳液、维生素补寄等记录预测妇女的预产期,并根据该预产期在不同的时段为其邮寄母婴用品的优惠券。这一看似与隐私毫无关联的信息收集通过大数据分析却能准确反映公民的私密生活。正如普林斯顿计算机科学家纳拉亚南博客中谈道:“上网者可供分析的数据越多,就越不可能保持‘匿名’,识别一个人只需33个字节的信息量。”

(二)信息控制权沦丧

信息控制权包括社会信息控制权和个人信息控制权。社会信息控制权是指国家、社会对关系国计民生、社会安全数据的控制力。随着互联网、物联网、智能手机等新科技的普及，越来越多的数据被各方以不同方式采集、分析、使用，其中，包括个人数据、商业数据、教育、医疗等关系国计民生的数据。随着科技发展、黑客技术提高，国家和社会逐渐丧失其对数据的控制力。在公共安全领域，2013年以色列北部城市 Haifa 的全国路网系统被黑客攻击，攻击者在获得系统控制权后关闭主干公路路网系统长达 8 小时，造成城市主干道路大规模交通拥堵及一系列后续问题，危及城市安全。斯诺登“棱镜门”事件后，国家安全问题再次搬上荧屏。

个人信息控制权则是指个人对其数据的控制力。大数据产生后个人数据泄露事件亦层出不穷，如 2015 年 10 月，网易过亿条数据泄露导致网民 iCloud 账号被黑、密码、密保、支付宝账号等信息泄露;2013 年美国知名的软件开发商 Adobe 载有近 3800 万用户信用卡信息、订单信息的数据库数据失窃。然而，在大数据时代前，控制信息亦非易事，例如，房产公司将客户姓名电话等个人信息出卖给装修公司以牟互利，当时，信息交换仅以单个数据元的形式，并不会导致大范围数据上传网络共享并被关联分析。但在大数据强大分析功能背景下互联网提供给人们更便捷的共享平台，数据以点到线、线到面的方式联结、扩展，最后，个人隐私和国家安全信息将暴露无遗。同时，因“云计算”采用开放接入的访问模式，节点多且不集中，数据传输跨越多国、多地域，因此，被不法盗取、攻击的可能性大大增加。

(三)差别定价

差别定价，指商家为牟取更大利益，根据大数据分析结果对不同消费者定以不同价格，这样的行为实则损害了消费者权益。最初互联网的兴起为消费者提供了一个快捷消费的承诺,但跟踪技术和数据共享的泛滥将消费者置于劣势地位。例如,亚马逊为了在其注册用户中攫取更大利益,于2000年9月中旬进行了著名的差别定价实验。在实验中,亚马逊遴选出68种DVD碟片,并通过对潜在客户在亚马逊的购物记录、上网浏览行为以及个人资料整合分析确定对不同客户的报价。以亚马逊官方销售的《泰特斯》(Titus)为例,其对新客户的报价是22.74美元,但对那些对该碟有兴趣的老客户的报价却是26.24美元,虽然亚马逊提高了毛利率,但该行为显然违背了最基本的诚实信用原则。大数据时代前差别定价亦时有发生,例如,折扣随订单的大小而改变,但大数据的产生使我们向着一个更容易定义个体特征的世界发展,方便了商家利用这种方式对消费者收取高低不一的费用,并扩大了公司参与差别定价的尺度。尽管根据《欧盟数据保护法》中的透明度原则,数据收集主体理当告知数据主体其个人数据收集和处理的基本情况,但在数据爆炸的背景下,差别定价问题很难得到解决。

(四)数据产品致害

大数据评估系统虽能更全面具体地分析预测信息资源,从海量信息碎片中整理、提取并得出有效的结果,但仍不可避免由于人为过度推断、解释数据造成的隐性偏差。2008年,Google利用流感趋势检测系统在全美网络中寻找与流感相关的词汇,并通过分析这些关联词汇预测9个星期后与流感相关的就医量。谷歌是数据处理大师,然其流感预测系统却一直高估了流感就医量。这项失败揭示了对大数据技术过度依赖的危险性。更可怕的是,大数据中过量相关性或将导致决策失误。例如,你不断寻求两个变量的相关性,或许会完全出于偶然而发现虚假关联,若非经过重检,大数据庞大的量级将成为进一步扩大这些错误的罪魁祸首。另外,大数据产品使用者常会因过于信任这类产品而遭受损失。例如,由于电子导航系统更新不及时,消费者因导航失误致其违规驾驶,或进入错误道路耽误行程。由于信息源本身即为大数据产品,若在错误信息源上二次分析将导致恶性循环并使损失进一步扩大。

综上所述,大数据应用技术截至今日仍存在诸多问题,亟须通过一部完整的大数据立法解决上述收集应用中权利义务不平衡的现状。我国大数据立法虽肇始于20世纪80年代,且于21世纪伊始得到长足发展,至今仍未能针对上述问题提出相应解决机制。具体而言,我国大数据立法未形成完整体系,相关立法主要散见于其他法律文件中,内容局限于国家安全、个人信息保护、政府信息公开等方面,且立法理念过于行政化、缺乏实际可操作性——在法律层面上,关于调整大数据法律关系的规范仅散见于《居民身份证法》《商业银行法》《侵权责任法》等法律特别规定中;在行政法规层面,相关制度主要有《计算机信息系统安全保护条例》《政府信息公开条例》等法规,且仅限于调整信息安全、信息网络传播权及政府信息公开等领域;在行政规章和地方法规层面,大数据立法较前两者明显增多,我国第一份明确提及"大数据"概念的法律性文件即出自于此,[①]较有代表性的包括工信部发布的《电信和互联网用户个人信息保护规定》,以及贵州省人大常委颁布的《贵州省大数据发展

① 第一份在内容中明确提及"大数据"概念的法律文件是发改委于2012年11月29日发布的《国家发展改革委办公厅关于组织实施2012年高技术服务业研发及产业化专项的通知》,其将"大数据分析软件开发和服务创新"作为国家高技术服务业研发及产业化专项的支持重点。此后,工信部、科技部、教育部、商务部、农业部、卫计委等部委以及国务院办公厅开始在其文件中提及"大数据",并将其与"物联网""云计算""移动互联网"等并列作为高新信息技术和创新信息产业的代表。

应用促进条例》,但因其立法位阶较低,难以摆脱地域和部门的局限性。由此可见,我国现阶段的法律制度无法满足大数据极速发展下的社会需求,供求制度不足之问题亟待解决,基于此,笔者将从收集规则和使用规则以及大数据产品瑕疵三个方面讨论如何构建大数据利用的规制制度。

二、大数据可收集的边界及收集规则

大数据收集过程主要涉及四方主体——收集型主体、分析型主体、数据主体以及第三方主体。收集型主体主要指数据收集公司,如谷歌、阿里巴巴等网络平台。分析型主体主要包括数据分析公司、咨询公司及技术供应商等利用分析系统整合客户提供之数据并挖掘潜在信息的主体。数据主体主要指自身能产生数据的原始生产者。第三方主体包括黑客或以其他方式获取他人信息的主体,其既非数据主体亦非收集、分析主体。在规制大数据应用过程中,保护数据主体权益是构建大数据应用平台的前提,因此,笔者将从规制收集行为的角度讨论如何保护数据主体的合法权益。

(一)明确敏感数据的边界

敏感数据与一般数据区别在于,前者涉及数据主体的隐私,因此,侵害敏感信息将侵犯数据主体的隐私,明确敏感数据的边界是保护数据主体信息的前提。个人敏感数据在《欧盟数据指令》中被界定为“特殊类型的数据”,即揭露或表明数据主体“种族、血缘、政治观点、宗教信仰或健康性生活”的细节性数据以及与确认犯罪有关的信息。基于此,笔者认为,可将个人敏感信息定义为:若被不当利用、丢失或随意篡改,将损害个人基本权益、日常生活,且不利于其依法享有隐私权的所有信息的总和。此外,我国虽未明文规定敏感信息的界定标准,但欧盟已对个人敏感信息进行了列举式立法,如《冰岛有关个人数据保护法》将"个人敏感数据"归纳为五个方面:(1)涉及个人人种或种族、肤色、政治立场、宗教信仰以及其他信仰的数据;(2)涉及个体是否为犯罪嫌疑人、被告或罪犯的数据;(3)健康数据:基因数据、涉及药品或酒精的医疗或非医疗之用的数据;(4)有关性生活的数据;(5)有关工会成员资格的数据。笔者认为,我国立法在界定敏感信息时亦可参考欧盟的界定标准。

在明确敏感数据边界后,数据主体应严格遵循数据脱敏原则及隐私保障义务。数据脱敏,是指收集主体在收集数据时主动过滤敏感数据的行为。由于收集数据时不可避免会涉及个人敏感信息,因此,在采集中创设"信息过滤网"以自动删除上述五类敏感信息或将其去标签化迫在眉睫。然而,上述限制并非绝对,法律应对收集涉及国家和社会公共利益的敏感数据行为的限制稍作放宽。1995年《欧盟个人数据保护指南》曾规定了7种可对敏感信息进行采集处理的情形,参照该保护指南并综合我国现阶段国情,笔者认为,可将例外的放宽情况规定为:第一,数据主体明确表示同意采集的;第二,在规范允许范围内,该采集行为对国家、社会公共利益有重要意义的;第三,当该数据的收集和分析对与数据主体本人以及社会公共利益具有重要作用,且数据主体无法亲自以积极的方式表示同意时;第四,当该采集行为之目的是提升预防医学、医疗诊断、提供护理诊治或保健服务质量时;第五,国家出于社会管理之目的在国家法律或管理机构制定的法规范围内作的数据处理行为,但该行为必须在严格的保密义务下进行。

(二)完善"公告—选择"模式

"公告—选择"模式包含了《欧盟数据指令》《日本个人情报保护法》中的目的明确原则以及英国《资料保护法》、爱尔兰《数据保护法》中的数据质量原则,即在收集数据前应明示数据主体特定的收集目的,并确保该数据在处理目的范围内完整、准确、得到实时更新。《关于隐私保护与个人资料跨国流通指针的建议》(以下简称《OECD 指针》)中关于国内适用基本原则第 7 条规定了该模式:“应对个人资料的收集加以限制,并以合法的、公正的手段获取资料,必要时,应告知资料主体或获得资料主体的同意。”由此可见,该模式强调数据主体对其个人数据控制的过程。然而,在现实中“公告—选择”模式往往带有强制同意的性质,如欲更新移动应用程序(Application,APP),须单击消费者协议条款下方的“同意”键,明示同意包括隐私在内的各项内容的授权。调查显示,超八成消费者认为,阅读条款内容并无意义,因为,选择“不同意”即意味着无法更新,此外,大多数使用者即便仔细阅读也无法理解条款中隐含的法律意义;另外,云服务商不愿耗费资金在软件中设计授权模式以获得明示许可。基于以上阻力,云服务供应商更倾向于推定数据主体业已默示授权,而这样的推定许可模式将直接削弱数据主体对数据的控制力并损害其利益。因此,当下亟须细化“公告—选择”模式以保障数据主体的权益:首先,数据主体有权选择是否同意数据收集主体获取该数据,而收集主体应在授权条款中以下划线或字体加粗的方式提醒、强调收集的数据种类、收集目的、利用途径等核心要素,并禁止以变相“强制同意”之方式迫使使用者做出违背个人意愿的选择。若数据主体拒绝收集方收集该数据,则收集方不得以任何理由再次收集。其次,在数据主体同意收集的情况下,收集方还应区分敏感数据和非敏感数据,并且,即使数据主体已概括同意其收集所有类别的数据,收集方仍应对数据进行脱敏处理或去标签化,以防止涉及敏感数据。再次,在数据收集完毕后,数据主体有权要求收集方告知其数据保存和使用情况，并要求及时更新、修改其个人数据，收集方应为其提供便捷的请求途径，不致加重其负担。最后，数据主体享有数据被遗忘权，即当出现法定或约定的事由时数据主体享有对收集、利用数据的收集方请求删除个人数据并停止传播的权利。另外，当储存期达到一定时限时，即使未出现法定或约定的事由，数据收集主体仍应自动删除该数据，以避免大数据因储存时间过长而增加被黑客盗取用于不法途径的风险。

三、大数据使用的边界及使用规则

（一）大数据的使用边界

由于在大数据使用过程中，数据主体无从得知自身数据以何种程度被利用，因此，其合法权益常无法得到有效实现。笔者认为，首先应结合大数据的法律属性及国家、社会、个人对大数据的影响程度综合分析界定大数据的使用边界。其一，对于涉及个人隐私权的敏感数据，若其使用目的是保护国家安全和社会公共利益，例如，用于公安机关、司法机关通缉犯罪嫌疑人时，国家机关可在执行公务范围内适当使用与案情具有重要联系的敏感数据；若其使用目的为非营利的科学研究、课堂教学等情况，例如，为改善某种药物的治疗效果，则可经有关机关批准，在遵守保密义务的前提下进行合理使用；但若为个人以营利为目的使用敏感数据，则必须经过数据主体明示同意，且做出允许限制使用或完全开放使用的意思表示后方可使用该数据。其二，针对行政机关在履行职责过程中获取、整合所得的，且已将其记录、保存在国家数据资源库中的政府数据，若使用主体是政府部门且以日常行政管理工作需要为目的，则可在其职权范围内直接使用该数据；若使用主体为政府机关以外的其他个人和团体，则其使用范围仅为政府已公开的数据，严令禁止以任何不正当手段获取政府保密数据的黑客行为。此外，我国还应当建立一套完整的行为准则和信用审核机制以规范大数据使用者的行为。大数据使用主体应当在收集使用前预先设定其使用目的，经工信部门登记备案后方可在预设目的范围内使用该数据。另外，工信部门有权介入监督使用过程，若发现违反目的明确原则的行为即可对其警告处分，将多次违反者列入信用机制黑名单中，并剥夺其未来使用资格以此来规范数据使用程序。

(二)大数据规范使用的具体规则

1. 限制处理原则

限制处理原则，是指个人数据的收集和利用均仅限于最初确立的目的，并应采取公平合理的方式，主要包括以下两方面内涵：第一，个人数据的收集应当依法律规定或当事人明示同意，另外，应限制收集个人数据的手段。第二，不得超出预定的目的范围使用数据。《OECD 指针》以及荷兰《个人数据保护法》等立法皆确认了这一规则。笔者将以美国医疗信息交互系统(Health Information Exchange, HIE)为例探讨限制处理规则的具体运用。为了能为患者提供更为有效的就医过程，联邦政府大力提倡使用 HIE，欲通过医患信息共享的模式以达到优化医疗过程之目的，然而，医疗信息共享必然涉及患者隐私，并增加其泄露的风险。为解决这一问题，美国国会于 2009 年颁布了《经济与临床健康的医疗卫生信息技术法案》(《The Health Information Technology for Economic and Clinical Health Act》, HITECH 法案)。HITECH 法案继承了《健康保险携带和责任法案》(《Health Insurance Portability and Accountability Act》, HIPAA 法案)中关于个人健康隐私保护的规定：首先，明确了使用 HIE 必先经患者明确同意方能收集其医疗信息，并允许患者选择或退出该信息交换系统。其次，对 HIE 中的不同数据库设置不同的访问权限——HIE 中关于患者信息的数据库存在两种模式：个性化数据库和匿名化数据库。其中，个性化数据库包含可识别病人特征的数据，对该系统享有访问权限的人仅限于其主治医师。匿名化数据库将所有数据去标签化，即该数据仅包含临床信息，将任何可识别到患者特征的相关信息，如名字、社保号码等内容进行过滤处理，公众对这类数据有更为宽泛的访问权限，如以改进药品质量为目的的制药商以及进行药物警戒的第三方皆可使用。将患者信息数据库划分为以上两种模式并分别设置访问权限在极大程度上降低了隐私泄露的风险。最后，美国联邦政府要求各州公开透明地发展 HIE，要求各方在法律允许范围内使用 HIE 中的医疗数据，并通过有效的安全协议来规范使用者的行为，若其违反相关安全协议，则将承受大量罚金或其他惩罚措施。

2. 限定储存期限规则

限定大数据储存期限制度，是指为了防止数据收集主体、分析主体储存数据时间过长或将增加数据泄露的风险，同时防止其对已收集的信息过度分析、非法利用导致数据合法权益受损，因而对其最长存储期限进行限制的制度。限定大数据储存期限在发达国家立法中表现为"被遗忘权制度"，荷兰《大数据保护法》第 10 条规定："个人数据的收集和处理目的实现后，该个人数据不得以数据主体被识别的形式继续储存。"欧盟亦同样于 2012 年《数据保护规范草案》第 17 条中规定了"数据收集或者处理的目的已经不存在，数据主体根据第 19 条规定拒绝处理个人数据"和"其他可删除数据的情况"两类情形。借鉴上述西方被遗忘权制度后，笔者认为，应从维护数据主体权益的角度对其加以规制。首先，应承认数据主体的数据权,并赋予其无条件删除个人信息的权利。其次,数据收集主体和分析主体应在达到既定目的后删除数据,不得另作他用。最后,参照《专利权法》中对3种专利保护期限的规定来分层设置大数据存储期限——对于政府掌握的关系国计民生的大数据存储期限可设定为20年;企业所有的关系企业发展或以此为关键营利工具的大数据储存期限为10年;个人所有的大数据仅限定5年期限。

四、大数据产品瑕疵侵权的法律责任

由于大数据分析不能确保万无一失,因此,大数据产品瑕疵或数据更新不及时皆会损害使用者利益。大数据产品瑕疵主要涵盖两个方面:其一,由于数据更新不及时致使错误导引;其二,由于过度推断和人为解释的隐性偏差导致决策失误。因此,笔者认为,可从下几点进行责任分配:

第一,在大数据产品更新不及时方面,由于大数据具有很强的时效性,依靠数据整合技术提供服务的网络平台和APP软件供应商需及时更新数据以保证其信息的正确性。例如,谷歌地图导航服务即利用数据分析技术对卫星获取的道路情况整合分析,但由于时会发生诸如开辟新道路、整修原有道路或改变限速标准等情况,一旦数据更新不及时,则容易误导驾驶者致其遭受行政处罚或误入歧途。在实际操作中,大数据产品使用者几乎完全信任并依赖于数据产品,例如,在出游时利用导航系统识别道路,或依赖于导航系统提醒以防超速行驶,针对此类事件,基于服务供应商有保证信息无误的义务,因此,对于因大数据产品更新不及时导致的损害赔偿责任应当采取产品侵权的过错推定责任原则,使用者有权要求服务供应商承担相应赔偿,除非供应商能提供充分证据证明损害是由于使用者自身过错导致,方可免除其责任。

第二，由过度推断和人为解释的隐性偏差致害的情况多发生在政府和企业中。这两类主体所做的决策影响力大、波及面广，政府依靠分析结果来制定新政策，而企业则利用大数据分析市场导向以决定下一阶段营销策略；政府的决策关系国计民生，企业的营销策略决定其未来发展导向。此时，大数据分析结果便成为企业高管和政府机关赖以决策的唯一依据，一旦在分析过程中出现诸如数据不完整、人为解释偏差等问题将严重影响决策的效果。但由于人为分析带有很强的主观性，且分析结果亦受分析者专业能力影响，因此，数据分析主体无法完全保证数据分析结论的准确性，在推断和解释的隐性偏差方面应采用过错责任原则，即若决策失误是由数据分析主体在分析过程中的过错行为而导致，则其应承担全部赔偿责任。

大数据是把“双刃剑”，只有通过将责任制、透明化、法规化等结合起来，才能消除大数据应用中的潜在危害，而这个规制的过程是比纯粹限制更大的挑战。大数据潜在的问题将削弱社会意义上的公平，最终危及公共安全。综上所述，我们必须建立合理有效的机制来规制大数据，并引导其向良性轨道发展。

反思与完善宣告死亡制度在我国保险领域中的适用

——兼论《保险法》司法解释(三)第24条

杨若愚*

民法上具有自然生命个体的死亡包括自然上的死亡和法律上的死亡两种类型。“宣告死亡”虽然处于民法体系的总则部分,但由于自然人的“死亡”必然会引起各法律领域中具体法律关系的变动,因此,“宣告死亡”又积极参与民法分则的各法律领域。本文将从人身保险合同的视角对“宣告死亡制度”的具体适用进行深入分析和探讨。人身性保险,是以自然个体的生命或人身作为保险对象,当作为被保险对象之人在合同约定的效力期间内出现身亡、残疾、重病等情形或到预定期限后依旧处于生存状态,保险公司按约给付保险赔偿金的业务。[1] 人身性的保险按照保险责任的不同通常

---

* 西南政法大学民商法学院民法学2015级硕士研究生。

① 参见魏华林、林宝清主编:《保险学》,高等教育出版社2006年版,第166页。

分为意外伤害险、人寿险以及健康险三种类型，除健康险外，另外两种类型的保险都包含了以被保险者身亡作为履行给付义务依据的情形。但是，学界对该“死亡”应当包括的类型理解不一，并具体就是否包含“宣告死亡”这一类型展开了激烈讨论。《最高人民法院关于适用〈中华人民共和国保险法〉若干问题的解释（三）》［以下简称《保险法》司法解释（三）］出台后，根据第24条第1款的内容可知，如果被保险者由法院判决宣告死亡，利害关系人有权要求保险机构给付保险金，保险人也有义务向当事人支付相应金额。换言之，现行立法已经承认人身保险领域中的个体身亡既包括自然人生理上的死亡，也包括法院宣告判决后法律上的死亡。但从学理上而言，宣告死亡作为保险机构给付死亡保险赔偿金的法定条件，其正当性基础何在？保险制度中关于宣告死亡问题的规制是否已经真正完备？本文将对上述问题一一展开研究，以期进一步完善宣告死亡在人身保险领域中的立法规范。

一、保险领域中宣告死亡情形适用的理论基础

（一）学界通说

1. 依据法律适用规则适用

该观点认为，特别法和普通法对某一问题均有规范时，特别法的条文应当优先于普通法的条文适用。而当特别法对某一问题没有进行相应规范时，则按照普通法予以适用。人身保险关系属于民事法律关系中的特殊法律关系，所以，《保险法》相对于《民法通则》而言属于特别法。《保险法》仅明确了利害关系人能够将个体的生理死亡约定为赔付保险金的依据，但该法并没有进一步说明在人身保险领域中“死亡”的类型是否同时包括了生理死亡和宣告死亡。也就是说，关于“死亡”的具体类型，《保险法》显然未进行明确界

定。根据上述特别法与普通法在适用上的规则，既然《保险法》并未就死亡的具体类型做出明确界定，那么，就应当援用《民法通则》相关条文。[①]

2. 依据合同条款解释规则适用

目前，大多数人身保险合同中，有关死亡类型的问题并存着两类解释。第一类解释认为，死亡仅是指个体的生理死亡；而第二类解释则认为，死亡不仅是指生理死亡，还包括宣告死亡。若采取前一种解释方法，则意味着缩小了保险人的承保范围，减轻了保险人的承保负担，而这不利于保护受益人和被保险人。若采用后一种解释方法，则意味着扩大了保险人的承保范围，加重了保险人的保险义务，相较之下，后一种解释方法更有利于保护受益人和被保险人。根据《保险法》第30条的规定，当事人双方对保险条款出现两类或三类以上不同解释的时候，法官或者仲裁员应优先保护接受格式条款一方的利益，选择有利该二者的解释类型。因此，法院或仲裁机构一般情况下应当采用后一种解释，做出有利于弱势一方的认定。[②]

(二)新的分析路径——目的解释论

目前，学界的两种主流观点虽然能够比较合理地解释《保险法》司法解释(三)第24条第1款的正当性，但是自身都存在一定缺陷，在证成力度方面不够充分。

第一，就法律适用角度而言。《立法法》第92条其实已经给法律适用规则限定了非常明晰的运用空间，即法律适用规则只能在“同一机关”制定的法律或法规之间运用，不是同一机关制定的法

① 参见林怀满、奚金才：《被保险人宣告死亡在意外伤害保险中适用的相关法律问题探讨》，载《经济与法制》2014年第5期。

② 参见刘玮、练姿秀：《宣告死亡制度在我国保险业中应用的若干法律问题》，载《保险研究》2003年第1期。

律、法规不得根据“特别法优于一般法”的规则予以适用。我国《民法通则》是由全国人大在第六届第四次会议上通过，而《保险法》是由全国人大常委会在第八届第十四次会议上通过。那么，全国人大及其常委会是否可以视为同一机关呢？一般而言，我国语境下机关与机构、机关与机关之间的核心差异在于是否享有制定法律法规权力以及该项权力的范围。[①] 人大与人大常委会恰好存在如下区别：(1)立法权限不同。人大就社会经济生活中基本或重大领域制定法律，而人大常委会仅就特殊领域或在人大的授权下在某些领域制定法律。(2)效力范围不同。人大制定的基本法律具有根本性和全局性，人大常委会制定法律往往具有特殊性、局部性。(3)立法权地位不同。在全国人民代表大会闭会期间，人大常委会可以对人大已经制定的法律进行部分补充和修改，但是，不得同该法律的基本原则相抵触。因此，全国人大及其常委会是具有不同立法权的机构。二者不属于同一机关。综上可知，《保险法》与《民法通则》之间不宜直接采用前述法律适用规则。

第二，就合同解释角度而言。合同的解释与法律的解释是两种不同的法学方法。法律的规制对象是不特定的普遍对象，而合同一般情形下仅拘束特定的当事人。虽然法律的解释手段与合同的解释手段存在着重合之处，但也并非所有的合同解释手段都能适用到法律解释中。例如，“不利于格式条款提供者”的解释规则就不能直接适用在法律解释上。在本文语境下，解释对象是作为法律的《保险法》及其他相关条文，而不是具体约束双方当事人的保险合同，因而，采用合同解释的方法显然并不是最为妥当的路径。

---

① 参见顾建亚:《“特别法优于一般法”规则适用难题探析》，载《学术论坛》2007 年 12 期。

既然上述两种路径都存在一定瑕疵，那么，不妨从目的解释的角度出发予以论证。因为，凡法律均有其目的，而法律目的是最重要的解释标准。[①] (1)宣告死亡制度自身的立法旨意。生命个体生理死亡后，其法律人格将归于消灭，建基在法律人格上的原有一切法律关系也将随之变动，并最终形成新的稳定法律关系。宣告死亡制度的立法旨意就在于，结束因下落不明之人生存状态不明确而导致的法律关系不确定状态，使下落不明之人的各项法律关系均能得到妥善处理，并最终形成新的稳定民事关系，从而保障社会生活经济秩序的稳定运行。(2)死亡保险金合同的旨趣。人身保险合同的目的并不在于给予被保险人某种利益，而是希望尽可能地提供并保障受益人之利益。因为，受益人与被保险人之间通常有亲属关系或其他特别利害关系，一旦被保险人死亡，被保险人的父母、配偶、子女和其他特别利害关系人在经济生活方面往往会受到较大影响。此时，如果保险公司向受益人支付相应的保险赔偿金，就可以及时有效地弥补受益人因被保险人死亡可能遭受的经济损失，保障受益人的基本生活安全。[②] 在宣告死亡这一情形下，被保险人往往长期下落不明。这种下落不明的状态与自然死亡一样，都会使被保险人在家庭经济生活中长期缺失，进而使家庭经济生活受到相当程度的影响。因此，将宣告死亡也作为给付保险金的依据既符合宣告死亡制度本身的目的，也符合人身保险合同的目的。

(三)宣告死亡适用的不可排除性

根据《保险法》第17条第2款的规定，订立合同采用格式条款

---

① 参见崔建远主编：《合同法》，法律出版社2010年版，第353页。

② 参见王伊琳、李西臣：《宣告死亡与人寿保险的相关问题研究》，载《保险职业学院学报》2011年第5期。

的，保险公司可以和投保人签订免责条款，但应该在投保、保险等单据中标识出能够引起对方注意的提醒内容，并就免责款项的意思向合同对方口头或书面地进行明确说明。[①] 那么，保险人可否在格式合同中排除"第 24 条第 1 款"的适用呢？《保险法》司法解释（三）第 24 条并未对该问题做出直接的说明，但本文认为，可以依据免责条款的解释原则来进行分析论证。

1. 免责性条款不得违背合同根本目的

违背合同根本目的的免责性条款，应自合同中排除。丹宁勋爵曾指出，"假定免责条款可以被解释为免除船公司将货物交给明知无受领权之人，其推论结果，无异于免除承运人将货物随便交付给过路人之责任。如将免责条款如此解释实非当事人之本意"。[②] 就人身保险合同的创制目的而言，投保人主要是考虑到社会生活中危及人身安全之情形无处不在、无孔不入，被保险人一旦遭受疾病、意外危险、战乱之侵害而身亡，被保险人的家属或其他受益人之经济状况必将产生巨大翻覆，从而严重影响其正常的生存生活，所以，特设立人身保险合同以现在金钱之投入防范未来可能遭遇之不测。因此，将宣告死亡这一影响受益人或其他当事人之利益的情形排除适用，必然会与立法目的以及合同目的相违背。这样的免责条款应当视为无效而被排除。

2. 非必需的免责条款应严格限制

免责条款从功能上可分为两类：一是"合理化运营所必要的免责条款"；二是"非合理化运营所必要的免责条款"。前者旨在使企业等经济组织能够有效预防商业风险，降低运营成本。例如，将由

① 参见孙勤贤：《试论保险人的说明义务》，载《金卡工程》2011 年第 5 期。

② 参见崔建远主编：《合同法》，法律出版社 2010 年版，第 379 页。

于被保险人故意、恶意、重大过失或战争等其他极为特殊的情形而使保险人无力、无法或不应承担的风险和事故排除在外。[①] 后者旨在非法别除或限缩企业理应背负的法律责任，从而谋取有违公平的利益，应从严控制。正常的宣告死亡往往并非被保险人故意、恶意，也不属于战争或地震、洪水等情形，因此，并非是企业合理化运营所必要的免责条款。即使申请宣告死亡是由于投保人的恶意等违背诚信的特殊情形，保险人也能依据除外责任条款拒绝履行给付保险赔偿金义务，无须就宣告死亡情形做出单独的排除规定。保险人如果在格式条款中提前排除宣告死亡这一情形的适用，尽管能排除个别道德风险，但是，将损害大多数诚实信用的受益人或其他当事人的利益，这也与免责条款的订立初衷相违背，因而应当予以排除。

综上所述，因“宣告死亡”而支付“死亡保险金”的情形，是一种基于合同目的本身而产生的，非为企业合理化运营所必要的法定义务。保险合同双当事人之间是不能够将免责条款预先排除，即便当事人之间做出了类似的约定也应被视为无效。

二、保险领域中类型化适用宣告死亡

虽然《保险法》司法解释(三)第24条第1款已经明确规定，下落不明之人宣告死亡后，受益人或其他权利人要求保险公司依约支付保险赔偿金的，法院不能予以反对。人民法院应予支持。但根据《民法通则》第23条、《民事诉讼法》第184条的规定，宣告死亡分为3种类型：(1)在通常情况下，自然人音讯全无满4年以上的；(2)在特殊情况下，自然人因意外事件音讯全无满2年以上的；(3)自然人因意外事件音讯全无，经国家有关机关证实，该下落不

① 参见刘玮、练姿秀：《宣告死亡制度在我国保险业中应用的若干法律问题》，载《保险研究》2003年第1期。

明之人不可能存活的。同时，人身保险合同也划归为3类，包括健康保险、人寿保险以及意外伤害保险合同，其中，涉及“死亡赔偿金”的类型仅限于人寿保险和意外伤害保险两种类型。那么，上述每一种类型的宣告死亡是否也当然地适用于人寿保险和意外伤害保险呢？

1. 人寿保险类型

（1）实务领域的处理方式。目前，保险实务领域和司法实践都倾向于将3种宣告死亡情形统一纳入人寿保险的承保范围。在“李甲与中国平安人寿保险股份有限公司A中心支公司保险纠纷”一案中，[①]原告李甲的父亲李乙于2003年4月18日在被告处办理一份平安鸿盛终身寿险（分红型）保险，被保险人为李乙本人，受益人为原告李甲。在2007年7月18日，李乙离家出走，下落不明。李甲的母亲迟丙向当地法院申请判决宣告李乙死亡。2013年8月16日，人民法院就此诉做出民事判决书，并宣告被保险人李乙身亡。此后，李甲提交了该份判决书及其他资料文件，并向保险公司提出死亡保险金申请。保险公司依据上述材料做出了《理赔决定书》，并向李甲实际支付了相关款项。此外，“陈甲与中国人寿保险股份有限公司B县支公司人身保险合同纠纷”一案也间接印证了前述观点。[②] 由此可见，在人寿保险领域内将宣告死亡视为支付保险赔偿金的法定情形已经成为一种趋势。

（2）对实务领域的回应。人寿保险，通常将被保险者的生命当作保险对象，并将被保险者在达到约定期限后寿命继续存续或停止为给付条件的人身保险。人寿保险特点在于，被保险者向保险公司

① 参见（2013）兴民二初字第00467号。

② 参见（2010）成民终字第255号。

支付相应保险费用,并通过合同约定将可能面临的死亡风险转嫁给保险公司直接或间接承担。在上述案例中,即便是被保险者因一般原因失去音讯满4年而被法院判决宣告死亡,利害关系人也能请求给付保险赔偿金。如果被保险人是因意外事故这种更容易导致自身死亡的原因而被宣告死亡,那么,利害关系人自然也能请求保险人支付保险赔偿金。而且,由于人寿保险仅以死亡为给付条件,而不再作其他任何条件限制,因此,只要被保险人从结果上满足死亡之条件,即可进行保险赔偿,至于导致死亡结果的原因则并非关键。所以,无论是因为一般情形失去音讯满4年宣告死亡,还是因意外事故失去音讯满2年宣告死亡,抑或是因意外事故失去音讯,经有关机关证明不可能生存而宣告死亡都在最终结果上满足被保险者死亡这一给付条件,进而能够由受益人或其他当事人请求保险公司支付保险赔偿金。换言之,人寿保险作为用途、受众最为广泛的保险类别,能够适用于上述3种宣告死亡的情形。

2. 意外伤害保险类型

(1)实务领域的处理方式

目前,在保险公司与法院之间出现了两种相互对立的处理方式。保险公司倾向于把第一种类型的宣告死亡排除在意外事件伤害保险的担责情形外,只承认后两种类型的宣告死亡。法院则倾向于把第一种类型的宣告死亡也纳入到意外事件伤害保险的担责情形之内。在“中国人寿保险股份有限公司C支公司与李丁等人身保险合同纠纷上诉案”中,[①]投保人曾某在上诉人中国人寿保险股份有限公司C支公司(以下简称C公司)投保人身意外伤害综合保

① 参见(2010)郴民三终字第88号。

险。《人身意外伤害综合保险条款》第3条第1款第3项约定:被保险者由于遭遇意外事件而失去音讯的,一经法院判决宣告,本公司按照保险合同已有的约定金额支付保险赔偿金。上诉人C公司主张,曾某系因与所属单位发生争执后从居住地出走,至今下落不明,不属于因意外事件导致的下落不明,故不予支付赔偿金。二审法院则认为,根据常人的理解与判断,仅是30多岁的青壮年,除疾病原因之外的死亡,通常被认为属于非正常死亡,即意外死亡,被保险人曾某虽然是因离家出走下落不明导致被人民法院宣告死亡,但被保险人曾某下落不明期间是否遭受意外事故,一般应理解为遭受了意外事故而死亡,属于"因意外事故死亡",故C公司应当向曾某家人支付死亡保险金。同样,在"丁某等诉中国人寿保险股份有限公司D分公司人身保险合同纠纷案"中,[①]法院认为,被保险人宋某因不可预见的原因突发的、出乎意料地在因公押运过程中下落不明的情形应属于意外事故,宋某因此被宣告死亡,属于因意外事故被宣告死亡。

(2)对实务领域的回应

人身意外伤害保险,是指被保险者在保险合同约定的效力期限内,遭遇到突发的、外在的、非故意的伤害,致使自身伤残或身亡时,保险公司根据约定支付保险赔偿金的一类保险。人身意外伤害保险的特点在于,除规定以死亡为给付依据之外,还特别限定该死亡是由于突发的、外在的、非故意的事故造成的。因此,就宣告死亡而言,其也必须是由意外事件导致的。具体来说,首先是由于意外事

① 参见(2014)工商初字第30号。

故造成被保险人下落不明,[1]后经过一定期限,最后由法院判决宣告死亡。

就宣告死亡的第一种情形而言,下落不明的原因纷繁复杂,或因犯罪、背负债务而故意外逃,或因外出打工、旅行而失去联系,或因其他事由不愿意与家人联系。[2] 上述各种原因均不是非本意的、外来的、突然的,故都不能构成人身意外伤害中的意外事故。另外,根据《保险法》第5条的规定,保险关系中当事人享有权利、承担义务应当依照诚信原则。如果允许将第一种情形的宣告死亡纳入承保范围,由于受益人只需要提供宣告死亡判决书而导致的证明责任过轻,容易催生大量的恶意骗保情形,从而违背诚实信用原则的要求。同时,基于公平原则的要求,保险公司和被保险人、受益人之间的利益也需要予以平衡。如果将非因意外事故造成的宣告死亡也纳入给付情形,那么,势必会过度扩大保险人的保险范围,加重保险人的保险责任,使该合同关系双方当事人权利义务失衡。在前述两个案例中,法院有意地将下落不明视为一种意外事故,或者认为下落不明期间必然遭受意外事故。这样的裁判,第一,出现了将结果和原因混同的逻辑错误;第二,出现了以偏概全的片面结论。此外,从证明责任的角度来看,即便下落不明期间被保险人可能遭受意外事故,受益人也应当予以举证证明,而不能由法院直接认定。因此,上述裁判理由还存在一定瑕疵,裁判结果还有待商榷。

就第二种或第三种情形而言,两者共同之处在于,下落不明都是由意外事故造成,所以,原则上得为人身意外伤害保险合同之保

---

① 参见陈飞:《宣告死亡在人身保险中的理解与适用》,载《人民司法》2009年第2期。

② 参见林怀满、奚金才:《被保险人宣告死亡在意外伤害保险中适用的相关法律问题探讨》,载《经济与法制》2014年第5期。

险金给付条件。但利害关系人要求保险公司支付死亡保险赔偿金，必须同时满足下列条件：①有意外伤害发生，且该意外伤害满足意外伤害保险合同的规定；②该意外伤害的发生导致失踪人失踪；③该失踪人最后被法院宣告死亡。

综上所述，无论是生理死亡还是宣告死亡，受益人或其他当事人都能请求保险人支付死亡保险金，但是，不同的保险合同类型所承保的宣告死亡类型不同。在人寿保险合同类型下，《民事诉讼法》第 184 条规定的 3 种死亡宣告情形均能适用。在人身意外伤害保险合同类型下，仅因意外事故下落不明满 2 年或因意外事故下落不明，经有关机关证明该公民不可能生存而宣告死亡的两种情形能适用。

三、保险领域中适用宣告死亡的现实困境及对策

（一）宣告死亡之日与保险期间相冲突

1. 冲突的现实基础

根据保险法基本理论，只有当保险约定的支付条件出现在合同约定的承保期间内，利害关系人才能请求保险公司履行支付保险赔偿金的义务。因此，就宣告死亡情形而言，宣告死亡之日只有处于保险期间之内，受益人或其他当事人才有权依法请求给付保险金。[①] 但是，在我国立法体例和司法实践的背景下，宣告死亡情形下，死亡之日的确定方式较之自然死亡情形下死亡之日的确定方式，对受益人或其他当事人往往较为不利。

按照《最高人民法院关于贯彻执行〈中华人民共和国民法通则〉若干问题的意见（试行）》（以下简称《民通意见》）第 36 条第 1

① 参见林怀满、奚金才：《被保险人宣告死亡在意外伤害保险中适用的相关法律问题探讨》，载《经济与法制》2014 年第 5 期。

款的规范内容,当事人下落不明满法定期限后,经法院公告、判决,判决宣告之日即是其死亡之日。此外,我国《民事诉讼法》第184条第1款规定:自然人下落不明满4年,或者因意外事故下落不明满2年,或者因意外事故下落不明,经有关机关证明该公民不可能生存,利害关系人申请宣告其死亡的,向下落不明人住所地基层人民法院提出。第185条第1款规定:人民法院受理宣告失踪、宣告死亡案件后,应当发出寻找下落不明人的公告。宣告失踪的公告期间为3个月,宣告死亡的公告期间为1年。因意外事故下落不明,经有关机关证明该公民不可能生存的,宣告死亡的公告期间为3个月。综上可知,从下落不明之日至判决宣告死亡之日,最短须经过3个月,最长则须经过5年。实际上,大部分宣告死亡案件都不属于能够为有关机关证明不可能生存的案件,因此,对于大部分宣告死亡案件而言,至少也需要3年以上的时间。在这种立法背景下,很容易产生被保险者虽然在保险合同期间内下落不明,但宣告死亡的判决之日却在保险期间之外的情况。基于此,保险公司可免于支付死亡保险赔偿金,这对受益人或其他当事人而言无疑是极不公平的。

在我国司法实践中,法院对死亡宣告之日的确认通常也是严格按照《民通意见》第36条的规定进行裁判。因此,法院在处理宣告死亡之日超过保险期间的案件时,通常会支持保险人的抗辩主张。例如,在"李甲与中国平安人寿保险股份有限公司A中心支公司保险纠纷"[①]一案中,法院认为,李乙经特别程序宣告死亡,其死亡时间为2013年8月16日,不在附加意外险的保险期间内。原告的诉请不能成立,依法不予支持。

---

① 参见(2013)兴民二初字第00467号。

2. 冲突根源的分析

正是基于上述冲突情形的考量，现行《保险法》司法解释（三）第24条第2款作出规定，当受益人或其他利害关系人由于各种意外原因未能及时地向法院请求判决宣告死亡，从而导致宣告死亡之日超出了保险期间时，只要受益人或其他权利人能举证证实失去音讯之日尚处在保险期间内，仍然可依法请求给付保险金。虽然这款规定的出台，其本意在于有效地解决因前述冲突而给受益人一方带来的不便，力求更好地保障了受益人等保险合同弱势一方的利益。但在针对上述问题的调整方法上，“第24条第2款”仅从最终结果上进行了规制，即通过直接赋予受益人或其他当事人请求保险公司支付死亡保险赔偿金的权利，来强行解决该冲突给受益人或其他当事人带来的弊端。但是，这样的做法却并没有从理论上正面化解死亡之日可能超出保险期间的困境，甚至造成了新的理论困惑。就人身保险合同本身而言，“死亡保险赔偿金”的唯一给付条件就是被保险者在保险期间内死亡，同时又不存在免责事由。那么，“下落不明之日在保险责任期间内”是依据何种效力使“死亡之日超出保险责任期间”的情形获得如同“死亡之日在保险责任期间之内”一样的法律效果？其法理依据又是什么？由此可见，“第24条第2款”表面上似乎解决了可能出现的冲突，实际上反而带来了更大的理论包袱，造成了逻辑上的混乱。

其实，上述困境的产生，追根溯源在于我国对“宣告死亡”中死亡时间的确定方法存在争议。《民通意见》第36条将判决宣告之日作为被宣告死亡者的死亡日期。而这正是使死亡之日很可能超出保险责任期间的根本原因。因而，若意图克服上述矛盾的局面，就必须重新思考并确立下落不明的被保险人宣告死亡时间的确定方法。

3. 冲突的解决路径

就域外立法经验而言,主要有4种立法体例。第一种,是将下落不明之人的最后出现之日或意外事故发生之日视为死亡的具体日期,此种立法例的代表有瑞士、土耳其;第二种,是将下落不明之人的判决宣告之日视为死亡的具体日期,此种立法例的代表有中国、奥地利;第三种,是将达到一定的法定期间视为下落不明之人的死亡日期,以日本和我国台湾地区为代表;第四种,是将法官在判决文书中认定的日期视为被下落不明之人的死亡日期,此种立法例的代表有法国与比利时。[①] 目前,学界基本共识是,至少在保险法领域,应当采取第一种立法体例与第三种立法体例相结合适用的模式。但这样的共识仍显得过于模糊、抽象,使法院难以具体操作,因此,还需要进一步地予以合理化。

第一,第一种立法例与第三种立法例具体应当如何结合适用,尚未形成更进一步的统一认识。而且,在第三种体例下,“特定期间届满”应当如何进行计算和确定似乎并没有值得参考的合理标准。即便能够确定出一个合理的期间,但也会存在宣告死亡之日超出保险期间的特殊情形。换言之,采用第一种立法体例和第三种立法体例相结合的方式,不仅无法进行实际操作,而且难以完全保护受益人利益。所以,比较简易便行且能有效保护受益人的方式就是直接采用第一种立法体例。根据我国《民通意见》第26条的规定,下落不明,是指自然人从自己的最后居所地消失,并不再有任何消息的状态,因此,下落不明之日通常应当是离开最后居住地没有音讯之

① 参见段宏磊:《宣告死亡制度的保险法学思考》,载《中国保险》2014年第2期。

日，如果有意外事故发生，则应当是意外事故结束之日。

第二，学界的通说主要是从适用结果的利弊方面予以论证。学界认为，无论是第二种还是第四种立法体例，一方面，赋予了法官过多的自由裁量权，易使日期产生较大的不确定性；另一方面，没有充分考察被宣告死亡之人下落不明的客观情形，易使日期具有较大的主观性。总之，二者都不能很好地保护受益人一方的权益。相较而言，第一种立法体例将死亡具体时间推前到下落不明之日或意外事故结束之日，更能恰当地解决目前所面临的“宣告死亡日期超出保险责任日期”的难题。上述的立法选择更多是从实际利益衡量角度出发，而不是从法学理论本身出发。我们不妨从另一角度进行思考和假设。在通常情况下，死亡这一法律事件要么处于肯定性的状态，要么处于否定性的状态。但是，在进行宣告死亡这一过程中，死亡这一事件就处于不确定的状态。这种不确定的特点在于，如果要打破这种不确定状态，则必须借助法官来予以确认，而这恰好与法律行为效力待定这一情形较为相似。首先存在一个基本的法律行为，但在追认人追认之前效力是不确定的，经追认或不予追认之后，效力就确定下来。就效力待定的法律行为而言，如果追人人予以追认，则法律行为的效力溯及至成立时发生，而不是自追认时发生。如果追认人不予以追认，则法律行为的效力自成立时即不发生，而不是自追认时才不发生效力。同样地，死亡这一后果通过法律的确认后，也可以视为自上述状态成立时就确定。而本文做出这样推论的原因是，一般而言，法律对于不确定状态只能容忍其暂时地存在，而不能容忍这种不确定状态一直持续下去。法律最终会消灭先前那种不确定状态，使之要么处于肯定情形，要么处于否定情形，因为，这样更便于法律进行确定性的调整。

（二）僵硬的申请顺序对受益人的妨碍

在人身保险关系中，当被保险者下落不明满法定期间或满足法定情形时，受益人为请求支付保险赔偿金会向法院申请宣告死亡。但在实际情况中，受益人可能不止一个人，而有可能同时存在多个受益人。那么，该数个受益人之间的申请顺序应当作何种规定？是平等地享有申请利益，还是存在优先顺序？《保险法》第24条并没有就申请宣告死亡顺序对受益人利益的影响这一问题予以明确。

我国《民通意见》第25条明确了下落不明人宣告死亡的申请顺序。因此，如果数个受益人都处于同一顺位，那么，该多个受益人都享有向法院申请宣告死亡的权利；如果多个受益人处于不同顺位，顺位在先的受益人如果不主张申请宣告死亡的，那么，顺位在后的受益人也不得自行以保险合同受益人身份申请宣告死亡。除非优先顺位的受益人死亡或放弃其顺位利益，顺位在后的受益人方可申请宣告死亡。[①] 所以，在通常情况下的受益人申请顺序可直接依照《民通意见》第25条进行确定。

但是，也存在着一种特殊情况，即受益人不处在第一顺位或处在优先顺位，而处在第一顺位或处在优先顺位的人又非受益人，尤其是当受益人只包括未成年子女或年老父母而不包括其配偶时。如果受益人希望申请宣告死亡，而非受益人拒绝申请宣告死亡，则此二者之间的利益冲突该如何协调？原则上，应当严格按照《民通意见》第25条的规定。即该条规定的申请顺序是绝对的顺位次序，无论何种原因、理由都应遵守该顺位次序，因此，应当以第一顺位或优先顺位人的意见为准。但是，正如前述讨论，人身保险合同设立

① 参见臧建建：《论宣告死亡涉及的保险问题及其规制》，载《重庆科技学院学报》（社会科学版）2014年第11期。

的目的往往在于救济因被保险人死亡而陷入经济上窘境的受益人或者其他当事人，而且，在通常情况下受益人都是被保险人的父母子女，他们的生活大多需要被保险人的扶持。如果真正严格执行《民通意见》第25条规定的顺序，必然使人身保险合同设立之目的落空，不利于保护社会上弱势群体之合法利益，同时也有违公共社会之公序良俗。目前，就申请宣告的顺序而言，学界有两种意见。一种意见认为，[①]申请宣告死亡应当完全不受法条所列人员的顺序的限制，即凡有申请权利的利害关系人都能享有平等的申请顺序。另一种意见认为，[②]近亲属申请宣告死亡时不存在顺序上的限制，但下落不明之人的配偶拒绝申请宣告该公民死亡的，夫妻关系应当继续持续下去。本文认为，相较之下，第二种观点更为可取，第一种观点"一刀切"的做法反而忽视了被宣告死亡之人与其近亲属之间的身份关系及身份利益，尤其是当一般受益人的财产利益与被宣告死亡人的近亲属之间的身份利益相冲突时，立法上应当更偏向于保护后者。但是，这种保护不是让身份利益优先于财产利益，而是就身份利益做出例外规定，即近亲属与被宣告死亡人之间的身份关系不因宣告死亡而消灭。因此，在这种特殊情形下，立法上应当允许顺位在后的受益人越过顺位在前的非受益人直接向法院申请宣告被保险人死亡。

（三）被保险人重新出现后合同关系的处理

宣告死亡作为法律上的事实可能与客观真实存在不一致的情况，即被宣告死亡之人可能并没有真正死亡。具体而言，在人身保

① 参见梁慧星主编：《中国民法典草案建议稿附理由·总则编》，法律出版社2004年版，第68页。

② 参见王利明主编：《中国民法典学者建议稿及立法理由·总则编》，法律出版社2005年版，第96页。

险关系中,被宣告死亡的下落不明之人也有可能重新出现或被发现。当该被保险者重新出现或被发现时,原有因宣告死亡而发生变动的保险关系将如何处置?《保险法》司法解释(三)对这一后续问题并未涉及,这也正是《保险法》司法解释(三)存在的缺陷之一。由于人身保险合同分为不同类型,因此,在不同类型下被保险人重新出现会发生不同效力。

1. 人寿保险

人寿保险大致又可分为终身人寿保险、定期人寿保险、生死两全保险。终身人寿保险是一种不限定期限的人身保险。保险公司从合同有效时起到被保险人死亡时止,在这期间一直需承担保险责任。因此,被宣告死亡之人无论何时再次出现,都意味着保险合同关系因宣告死亡和支付死亡保险金而消灭的理由不复存在,保险合同自应恢复至有效之时。定期人寿保险是以被保险者在合同约定的期限内出现人身身亡为给付条件,受益人能依据该条件请求支付保险理赔金。如果被保险者没有在保险期间内身亡,保险公司既不用赔付保险金,也不用返还保险费。因此,如果被宣告死亡之人于保险期间内再次出现,保险合同关系消灭的理由不再成立,保险合同应当恢复原有效力。如果被宣告死亡之人在保险期间届满后重新出现,由于原合同因期限届满已然终止,故保险合同无法因被被保险人重新出现而恢复原有的效力。生死两全保险,是指被保险者如果在保险期间内死亡,受益人则可以请求支付的死亡保险金。被保险者如果没有死亡,而仍然生存到保险期限届满之日,则受益人也可以请求支付保险金的人寿保险。由于两全保险和定期保险都规定了特定的保险期间，因此，在合同效力之恢复上，二者并无差异。[①]

2. 意外伤害保险

被保险者在宣告死亡后重新出现，意味着法律对下落不明之人的“推定”与客观事实存在矛盾，结果上是不真实、错误的，所以，意外伤害保险合同消灭的理由当然无法存在。但最终是否恢复效力还应根据有无承保期间而定，如果被宣告死亡之人于保险期间内重新出现，保险合同关系消灭的理由不再成立，保险合同应当恢复原有效力。如果被宣告死亡之人在保险期间届满后重新出现，由于原保险合同因期间届满而已经确定地、始终地终止，故保险合同无法因被被保险人重新出现而恢复原有的效力。

① 参见李建亭：《被保险人宣告死亡相关法律问题研究》，载《保险研究》2008 年第 2 期。

我国民法典债法总则设计之正当性与必要性刍议

——以债的财产性及其与责任的关系为视角

郭 栋*

债法总则的存废是我国民法典制定过程中无法回避的议题之一,学界对于债法总则设立与否的争论日趋激烈。根据笔者的观察,学界的探讨主要是从体系化、功能性以及债与责任关系的视角进行立论、证成。然而,仅以上述角度为论据所得出的结论似乎略显苍白,由此导致的结果是,赞成设立债法总则的学者与否定设立债法总则的学者均无法说服对方,争议延续至今。事实上,债法总则得否设立以及若设立其与民法典其他部分衔接的问题,除了上述争议的焦点之外,更关键的节点在于,学者们对于债的财产性这一命题认识上的差异。同时,学界未完全厘清债与责任的关系问题,由此,亦给能否设立债法总则的问题带来了无尽烦扰。本文通过对

* 北京服装学院讲师,法学硕士。

大陆法系抽象思维的分析，论述债与财产关系的天然联系。然后，从历史的角度来看，就债的财产性这一命题进行分析。在此基础上，厘清债与责任的关系，分析当前债法总则设计的不同主张，进而提出自己的看法，以期对我国民法典的体系设计有所裨益。

一、引言：债与财产关系的契合

学界普遍认为，英美法系的思维是经验型的，而大陆法系的思维是抽象型的。换言之，普通法的学问，在其起源上是属于法庭的（forensisch），而大陆的学问则是属于学究型的。不仅德意志法系，还有罗马法系的特征都是倾向于法律规范的抽象化，即倾向于将全部法律领域作为充分组织条理化的体系看待，并且，最后完全按照这种法律结构的思想方法行事。大陆法系立法——从罗马法到法国法、德国法再到现代民法——即使有不同的模式，但是，其在法律制定过程中无不遵循此种思维。无论指明与否，大陆法系各国的立法都是建立在一定的“元概念”或“元制度”之上。无论是公法的私法化、私法的公法化，抑或物权的债权化、债权的物权化，其前提都是公法与私法的截然分开、物权与债权的泾渭分明。另外，学界所争论的动物的主体地位问题亦是建立在主体——客体二元分立的基础上。

大陆法系民法体系的构建正是上述抽象型思维逻辑延伸的结果。从查士丁尼《法学阶梯》到《法国民法典》《德国民法典》，再到现代各国民法典，无不遵循此种思路。当然，抽象型思维的进程是逐步完善的，而且，具体抽象型思维的结果——具体立法例——并没有优劣之分，适应本土文化的体系设计才是恰当的。虽然现在各国民法典立法模式差别颇大，但是，其基点均为人身关系和财产关系。债作为法律世界中的动态因素，属于财产关系的范畴。可以说,经济价值是从一个债权到另一个债权的永不休止的运动。债与财产关系具有天然的联系。首先,作为整个"动态世界操纵杆"的契约(拉德布鲁赫语),无疑体现了民事主体对财富的追求。其次,传统民法中的侵权之债建立在债的同一性理论上,通过创设这种惩罚机制来划定人们自由行动的范围,对民事主体的行为自由给予保障,进而鼓励其对利益的追求。即使侵权行为法意图使其对自己的行为后果负责,也不应阻碍其追求经济利益的动力。最后,不当得利和无因管理制度亦是规制民事主体之间的财产利益的返还问题。诚然,这4种债的之所以能够统一于民法体系债的纲目下,更多的是由于其形式的统一性。但不可否认的是,债主要是以增进和协调民事主体的财产关系的目的出现在民法体系中的。

二、债的财产性问题之辩

(一)契约之债

罗马法上的契约分为有名契约和无名契约两种。前者包括要式契约、要物契约和诺成契约;后者包括物与物的交换、物与劳务的交换、劳务与物的交换、劳务与劳务的交换四种。就要式契约而言,其又可分为要式买卖、要式现金借贷、口头契约(解放宣誓、嫁奁宣许和要式口约)和文书契约。要物契约又可分为消费借贷、使用借贷、寄托和质权。诺成契约包括买卖、租赁、合伙、委托和永租。上述各种契约中,除解放宣誓、要式口约、合伙、寄托以及委托外,其财产性质甚为明显,此处不再赘言。下面仅就这几种契约进行分析。宣誓解放,是指奴隶在被解放时,宣誓日后为恩主服一定劳役,恩主默示或明示表示赞成的契约。此处的劳役主要包括耕作、缝纫、传授知识等类型。如果被解放的奴隶违约,恩主可以提起"服役诉"以强制其履约。而且,基于该项诉权的可继承性,该项诉权等于是财产权。要式口约源于《十二铜表法》以前的神前誓约，债务人在神明前声明其所负担的债务，并宣誓若不履行该债务愿意接受神明的惩罚，经债务人默认而订立的契约。后来，问答取得了宣誓，债务人也不需要再去神明前了，这样就形成了要式口约。要式口约原来的适用范围仅限于现金借贷，后来扩展到现金以外的种类物以及各种特定物，并进一步适用于某种作为或不作为。罗马法中的合伙是一种合意契约，根据其两人以上相互承担义务，将物品或劳作集中在一起，以实现某一合法的且具有共同功利的目的。寄托分为普通寄托和特别寄托两种。在罗马法上，其具有无偿的特点。委托是指一方为对方的利益无偿处理事务或履行给付的契约。对于上述几种契约财产性的质疑主要来自两个方面：一为劳务是否具有财产性（宣誓解放、要式口约、合伙）；二为无偿性契约是否具有财产性（寄托、委托）。就第一点而言，笔者认为，劳务具有财产性。究其缘由，乃在于劳务乃是可以评价为财产的利益。就第二点而言，其与第一点存在密切联系。质言之，这种无偿性的契约是受委托方提供劳务为委托方的利益服务的。故此，无偿性契约亦具有财产性。

另外，需要讨论的是不作为契约的财产性问题。学界多数学者认为，不作为契约不具有财产性。举例如下：根据约定，一方在0:00～6:30不跳迪斯科。笔者认为，该例子过于笼统，应该置于具体的语境中展开讨论，笔者认为，其存在三种情形：第一，双方在该协议中还约定，负有义务一方若不履行该协议，应向另一方支付违约金；第二，双方在该协议中还约定，一方负有不作为义务，另一方支付一定价金作为该义务的对价；第三，双方仅约定此项不作为义务。就前两种情形而言，其财产性较为明显。而就第三种情形而言，若负有不作为义务一方未履行相应义务，扰乱了另一方的安静或对其造成了损害，则另一方可以请求排除妨害、停止侵害或请求精神损害赔偿，但是，这已经不是合同法中的问题，即使在没有该约定时，其权利主张亦可基于相邻关系得到支持。但无论哪种情形，均不能否认不作为契约具有财产性这一命题。

（二）准契约之债

罗马法上的准契约分为不当得利、无因管理以及其他准契约3项。《罗马法教科书》中将不当得利定义为建立在不正当的原因或法律关系的基础上的财产增加。《罗马法原论》中将不当得利定义为无合法原因而受利益，致使他人蒙受损失的事实。诚然，罗马法中并无概括的不当得利概念，其主要体现在具体的规定中。综观罗马法，其关于不当得利的规定表明，不当得利与财产直接挂钩。与不当得利制度相同，罗马法上的无因管理亦没有概括的概念，其是指没有法定或约定的义务而管理他人事务。基于无因管理在双方当事人之间产生的债体现为无因管理所产生的效力，即从管理人角度来讲，其应当尽到谨慎、转交利益的义务；从本人的角度来讲，本人应当向管理人支付管理人因管理产生的必要费用等。无疑，罗马法中的无因管理之债亦具有财产性。其他准契约包括监护、保佐、意外共有、继承、遗赠、船舶、旅店和马厩的业主对旅客的物品、牲口的责任、共同海损。观察这些准契约的内容，均具有财产权的性质。

《法国民法典》中的准契约包括不当得利和无因管理两种，《德国民法典》亦同，只是由于学术争议而未冠之以准契约的称谓。两国关于不当得利和无因管理的规定均继受罗马法，只是在具体的制度设计上予以完善，其均是对民事主体之间的财产利益关系进行衡平。

（三）侵权之债

在人类社会早期，对于致人损害行为的制裁经历了自由复仇、同态复仇和赎罪金的过程。换言之,伴随着人类社会的日益文明,产生了由国家法律调整取代自力救济的需要。在罗马,《十二铜表法》就有各种赎罚金数额的规定。对于私犯的种类,无论是盖尤斯的《法学阶梯》,抑或是查士丁尼的《法学阶梯》都只规定了 4 种形式的私犯,即盗窃、抢劫、非法损害(财产上的损害)和侵辱(人身损害)。根据查士丁尼《法学阶梯》的定义,罗马法中的盗窃是以欺诈方法夺取物的本身,或物的使用或占有,这种行为受到自然法的禁止。对于盗窃,受害人可以提起盗窃之诉和损失之诉,两者都是为了弥补受害人的损失。其中,盗窃之诉是罚金之诉。抢劫是指以暴力窃取他人物品。对于抢劫,除可以提起关于盗窃的诉讼外,还可以提起暴力抢劫之诉。在查士丁尼法中,暴力抢劫之诉具有混合性质,可借以获得标的价值 4 倍的罚金。非法损害,是指财产上的损害,即行为人侵害他人财物应当承担赔偿责任的行为。权利人可以提起阿奎利亚之诉,这种诉讼含有刑事性质,为赔偿损失以及罚金的混合诉。侵辱是指在生理上和精神上给他人造成损害的侵权行为。对于侵辱,受害人可以提起侵辱之诉,该种诉讼是罚金性的并造成不名誉。从上面关于私犯的论述中可以看出,在罗马法中,私犯所产生的债具有财产性,并且,这种财产性是通过罚金和损害赔偿为表征的。

对于准私犯,周枏先生指出,其与私犯并没有性质上的区别,这种区分纯粹由历史原因所造成。罗马法律最初规定的违法行为,叫私犯,以后有新的违法行为产生,未纳入已有的私犯中,如同法律将原来没有规定的新型契约称为无名契约一样,将其称为准私犯。罗马法中的准私犯包括放置物或悬挂物致害、落下物或投掷物致害、审判员误判致害、产生于自己属员的盗窃或侵权行为的责任。对于放置物或悬挂物致害,受害人可以提起放置物或悬挂物致害之诉;对于落下物或投掷物致害,受害人可以提起落下物或投掷物致害之诉,并有权要求双倍赔偿其损失;对于审判员误判致害,受害人有权要求审判员赔偿与争诉标的价值相当的金额;对于产生于自己属员的盗窃或侵权行为的责任,受害人可以向船主、旅店或客栈的主人要求赔偿其所遭受损失价值双倍的金额。可见,在罗马法中,准私犯所形成的债亦具有财产性。

《法国民法典》于第三卷第四编第二章“侵权行为和准侵权行为”(第1382~1386条)规定了侵权之债的内容。《德国民法典》于法典第二编第八章第二十七节“侵权行为”(第823~853条)亦同。从传统大陆法系国家债的同一性的角度来看——正如我们以同样的视角审视罗马法所得出的结论一样,侵权之债在两国民法典中具有财产性。

(四)我国学者的分析及笔者的观点

在传统大陆法系权利的分类中,根据权利的内容和性质将权利分为人身权和财产权(或者是人身权、财产权以及综合性的权利),债权被置于财产权的概念下。我国学者在著述中亦大多认为债权为财产权。但是亦有学者对此提出了质疑。其中,具有代表性的论述是由崔建远先生提出的。崔先生提出了3种理由来证成其观点:首先,从债的本质来看,债无必须是财产法律关系的要求。并且,列举了三个例子作为证明:一方无偿地帮助另一方看护孩童;根据约定,一方在0:00~6:30不跳迪斯科;按照约定,甲公司为乙公司无偿地培训技术人员。其次,从债的早期形态考察,债无必须是财产法律关系的本质要求,甚至并非财产法律关系。其用古代罗马法中债权人对债务人的人身强制为其论据。最后,在近现代的民法上,无财产性的债仍有其存在的价值。其指出，近代法律有将债权的标的范围扩大到所有领域的要求。在日本民法中，一方面，不能否认社交礼仪中赠送往来的金钱价值；另一方面，也不允许拒不承认无法用金钱估计的无形礼仪，尤其是以人格利益为标的的债权的成立（例如，终身定期金债权、道歉公告债务）。

诚然，崔先生的观点非常具有价值，但亦有值得商榷之处。首先，崔先生认为，债的本质在于约束，即债为法锁，债无必须是财产法律关系。笔者认为，债的本质在于约束，即有学者所指称的债的本质在于债务人方面行为的必要性。但是，债的本质的问题与债是否具有财产性似乎并无必然联系。我们从债为法锁这一命题并不能自然而然地推论出债无须具有财产性。而且，从前文中对罗马法以及法国、德国立法的研究来看，债应当具有财产性。同时，崔先生虽然指出，债在当今大多具有财产性。但是，其列举了 3 个例子作为债无须具有财产性的论据。笔者认为，就第一个例子和第三个例子而言，正如前文所述，有偿与否不是判定债是否具有财产性的依据，债务人提供了可以评价为财产的劳务才是债之财产性的真正体现。就第二个例子而言，涉及不作为契约的财产性问题，前文已予以阐释，此处不再赘言。

此外，崔先生认为，从债的早期形态考察，债无必须为财产法律关系的本质要求，甚至并非财产法律关系。笔者认为，虽然罗马法中的对人之诉所指向的是债务人的人身以及财产，并且，《十二铜表法》中亦有关于债权人得拘押债务人乃至将其杀死的规定，但是，若基于此点认为罗马法中的债并不是纯粹的财产性质，而有时独具人身属性是值得商榷的。第一，罗马古代把债的关系视为人身关系，债务人不履行债务，债权人就可以拘押债务人，从而以人身作为债的担保。虽然如此,债权人和债务人在法律上仍是平等的,债务人自愿接受此项约束,是基于债权人对他的信任,二者之间的关系并无权利服从的性质。第二,虽然《十二铜表法》中记载了债权人得拘押债务人乃至将其杀死的规定,但在古罗马,债权法之运用,是以债权人剥削债务人,并使后者沦为奴隶境遇为目的。显然,债权人之所以拘押债务人,虽然有泄愤之意,但绝不会以杀死债务人为目的,其所意图的乃是债务人劳动所带来的财产利益。第三,德·维斯凯指出,惩罚与赔偿之间的早期区别在于,惩罚是针对侵犯人身的犯罪,这种犯罪导致狭义的、可用罚金赎买的报复;赔偿针对的则是造成财产损害的犯罪,它使被害方有权占据犯罪人的躯体,后者可以通过支付罚金实行自赎。而且,随着时代的发展,对私犯的制裁变成了由法律制度加以确定的财产刑,这是一种由私人通过维护自己权利的诉讼手段而取得的私人罚金。最为重要的是,在罗马,奴隶是具有财产性质的。时代的问题应该置于时代的语境下进行讨论,崔先生所指论点似乎没有注意到这一点。更何况,随着《博埃得里亚法》的颁布,债奴制度得以废除,债的关系的刑罚特色消失,而且,债被解释为单纯的财产性关系,它的标的是给付,债务人的财产作为担保。

崔先生还认为,近代法律有将债权的标的范围扩大到所有领域的要求,并列举日本的终身定期金债权和道歉公告债务作为其论据。《日本民法典》第689条规定:“终身定期金契约,因当事人一方约定在自己、相对人或第三人至死亡为止,定期向相对人或第三人给付金钱或其他物而发生效力。”可见,在日本,终身定期金契约是以定期给付金钱或其他物为标的。[①] 在终身定期金契约为有偿的情况下，债权人通过财产交换获得定期金，债务人获得现实的财产利益；在终身定期金契约为无偿的情况下，债权人亦获得定期金，作为其日后生活的保障。由此可知，终身定期金债权虽然有一定的人格利益因素（尤其是在无偿的情况下），但是，将其定义为财产性的契约亦不会遭到质疑。至于日本民法中的道歉公告债务，尚不说在一个判决中有3位法官持反对意见，认为在名誉侵权中命令赔礼道歉是一个"坏习俗"，至关重要的是，其混淆了债务与责任的区别，将两者混为一谈。下文中笔者将对债务与责任的区分展开详细论述，此处不再赘言。故此，道歉公告债务的例证亦不能推翻债之财产性的命题。

三、债与责任的关系

（一）传统民法中债（务）与责任的关系

罗马法上之债的观念，并未区别债务与责任，而系融合二者为单一的"Obligatio"。换言之，罗马法上，债务与责任合而成为债务之观念，责任常伴随债务而生，二者有不可分离之关系。该种观念的形成在很大程度上都取决于罗马法上的救济，最终都可归结为财产利益。在罗马法中，无论是财产的损害，抑或是肢体、名誉和信用的损害，均可最终归结为金钱赔偿。由于债的标的最终统一于财产利益，不履行给付义务应负的责任是财产赔偿，原债务的给付和因承担责任的给付似乎没有区别，因而，在观念上也不区分债务与责任。

在德国普通法时代，仍延续罗马法的思维，并不区分债务与责

① 就终身定期金契约中定期金的范围而言，《法国民法典》规定为"一定数额的金钱，或者某件可估价的动产或不动产"；《日本民法典》将其界定为"金钱或其他物"；《意大利民法典》规定为"一定数量的款项或可替代物"；《智利民法典》规定其仅为金钱。

任。但是,由于受到日耳曼法的影响,债务与责任的区别观念日益明确。在日耳曼法中,债务为法的当为,不含有强制性因素,而日耳曼法中的责任,是指在债务人当为给付而未为或不完全为给付时,债权人有权强制债务人履行。基于此,日耳曼法中虽然提出了债务与责任的区分,近代各国在法学理论上对债务和责任亦做出区分,但是,其立法模式却无不遵循罗马法的传统,民法典体例上视债与责任为统一体。无论是《法国民法典》《德国民法典》,抑或其他继受法国模式或德国模式的各国民法典,均将侵权法置于债的体系之中,未厘清债与责任的区别。

在传统民法中,之所以将契约、侵权、不当得利和无因管理置于债法体系之中,究其缘由,乃在于法律效果之形式相同性。易言之,即上述各种法律事实,在形式上均产生相同之法律效果:一方当事人得向他方当事人请求特定行为(给付)。此种特定人请求特定行为之法律关系,即属债之关系。在这种形式相同性中,蕴含了债的同一性理念,即各种不同的给付义务在得不到履行之时,均可以转化为损害赔偿之债。在罗马法中,损害赔偿的方法有两种:第一,恢复原状;第二,金钱赔偿。继受了罗马法的《德国民法典》第249条亦规定了恢复原状和金钱赔偿两种方式。而且,在恢复原状不能时,金钱赔偿成为最终的救济手段。从《德国民法典》的条文来看,对义务和责任的概念也没有严格区分。"损害赔偿"一词在《德国民法典》中有时指损害赔偿义务,有时指损害赔偿责任。由此可见,正是在债的同一性理论的支撑下,传统民法并未对债与责任进行区分,侵权法也就理所当然地置于债法的体系中。

(二)我国债与责任关系之应然分析

传统大陆法系民法为我们提供了债与责任关系的解释路径。

在传统民法中，债与责任是不可分割的统一整体，债的概念包含债权和债务，而债务本身就包含了债务与责任。通过将责任视为债的担保，运用隐藏在债务背后的责任的概念，将债务与诉权和自力救济联系起来，形成了权利——义务两位一体的结构，进而构建具有逻辑性的民事权利救济体系。可以说，传统大陆法系民法的这种立法模式是伟大的，在该模式中，债与责任的关系得到了妥善解决。

就我国民事立法而言，债与责任的关系发生了转变。我国《民法通则》第六章规定了民事责任。之所以形成这样的体例，一方面，是由于当时我国民事立法深受苏联民法的影响；另一方面，立法者认为，将民事责任独立成章，提高了民事责任的地位，有利于加强对民事权利的保护。有学者指出，传统理论中的民事法律关系的内容，义务与责任不分。经长期研究和发展，民事责任为法律关系的第四要素的观点被提出，我国《民法通则》将民事责任作为独立一章加以规定。这是民法理论发展的结果，是民事立法的重大进步。质言之，我国《民法通则》存在权利——救济的逻辑路径。王利明教授指出，民法不仅是一部权利法，而且，各项权利具有充分的保障机制，整个民法就是按权利和权利保障机制建立起来的体系。李开国教授亦将义务分为本位义务和变生义务。其认为，本位义务是指相对于权利人之原权而发生的义务，变生义务是指因不履行本位义务而发生的义务。变生义务实际上就是我们通常所称的民事责任。由此可见，与传统大陆法系民法不同，我国民事立法就债与责任的关系问题遵循另一种逻辑路径，即“权利—义务—责任”三位一体的立法模式。通过将债务与责任区分，直接运用责任的概念，将债务与诉权和自力救济联系起来，形成了“权利—义务—责任”三位一体的结构，进而构建具有逻辑性的民事权利救济体系。

实际上,在我国"权利—义务—责任"三位一体的立法模式下,债与责任的关系问题已经转化为义务与责任的关系。无怪乎我国《民法通则》将违反合同的民事责任与侵权的民事责任共同置于第六章民事责任部分。根据前文李开国教授关于本位义务和变生义务的论述,笔者认为,法律关系亦可表述为本位性法律关系和变生性法律关系。前者是指权利义务型法律关系,包括人格权、物权、债权、知识产权等权利。对于权利义务型法律关系,根据义务主体特定与否又可分为绝对权利义务型法律关系(人格权、物权和知识产权等权利)和相对权利义务型法律关系(债权)。后者是指权利责任型法律关系,即责任。由于债具有财产性,也即相对权利义务型法律关系具有财产性,由此而产生的权利责任型法律关系亦具有财产性。但并不是任何绝对权利义务型法律关系都具有财产性,例如,人格权就不具有财产性,由此产生的权利责任型法律关系亦未必都具有财产性。

唯需指出的是,上述两种路径仅是立法技术的不同,并无优劣之分。我们似乎也很难看出第一种路径在隶属大陆法系的法国和德国遇到根本性的挑战。[①] 对于选择的方式没有严格意义上的对与错,最重要的是,法学家应该站在一定高度运用法学思维方式以及对社会观念的把握,来选择一种能够适合自己国家国情并能够合理解决问题的方案。当然,在债与责任分离之后,我们是否应该延续《民法通则》的模式,将违约责任与侵权责任同归于一章(编)呢?答案显然是否定的。首先,《民法通则》之后制定的《合同法》已经

① 在欧洲范围内,存在统一债法的运动。冯·巴尔教授主张把契约外的责任作为一种相对独立的事项来处理,但是,纵使这样,其仍然是在债的范围内进行的改革,并未脱离债与责任融合的路径。

将违约责任置于合同法体系中，并在学界和实务界产生了普遍认同。其次，在民事责任领域，违约责任与侵权责任之间适用的归责原则并不相同，若将它们勉强“拉拢”在一起，难免产生规则适用上的困难。对于因侵犯人格权和物权等绝对权而产生的责任，诸如返还原物、消除危险、排除妨害、停止侵害、消除影响、恢复名誉、赔礼道歉等类型，应该如何安排它们在民法典体系中的位置呢？笔者认为，该问题的解决存在如下几种方案：第一，不在民法典的物权编、人格权编等内容中不规定相关权利保护，将侵犯诸权利而产生的责任同归于侵权责任编。第二，在民法典的物权编、人格权编等内容中只规定除损害赔偿之外的其他责任形式，而在侵权责任编只规定损害赔偿责任。第三，既在民法典的物权编、人格权编等内容中规定相关权利保护的内容，又在侵权责任编中规定上述内容。就第一种方案而言，其使整个民法典的体系实现了较为彻底的总—分—总的模式，具有形式美感。但是，其亦可能遭受到如下质疑：诸多责任方承担的“归责原则”不尽一致，统归于侵权责任编难免会产生适用的龃龉。就第三种方案而言，难免让人以责任承担方式“遍地开花”的感觉，于法典的体系性方面也有待商榷。笔者认为，第二种方案颇值赞同，具体设计如下：首先，人格权编所规定的责任承担方式包括赔礼道歉、停止侵害、消除影响、恢复名誉。其次，在物权编规定恢复原状、返还原物、消除危险、排除妨害、停止侵害的责任承担方式。最后，在侵权责任编仅规定损害赔偿一种责任承担方式。如此设计的理由在于：首先，该种设计解决了各种责任方式适用不同“归责原则”的难题。如果将其统归于侵权责任编，势必需要另行规定其适用的“归责原则”，而将除损害赔偿之外的其他责任承担方式规定在相应的部分，自然不会产生这种问题。其次，虽然通过以上的论述,我们已经清晰地认识到诸责任承担方式应该属于责任的范畴,但是,学界依然对其属于物权请求权、人格权请求权抑或是责任争论不休。从现实主义角度来说,该设计可以缓解上述争论。最后,鉴于上述各种责任方式(损害赔偿除外)均具有一定的人身属性,现代社会的法律不可能强制责任人的人身,若其不履行相应义务,最终都会落脚于损害赔偿上。故在侵权责任编规定损害赔偿,在人格权编和物权编的责任方式得不到履行时,可以运用损害赔偿的方式来衡平受害人的损害。可见,通过这种递推式的设计,形成了体系上的逻辑性。唯需指出的是,采用此种设计,应该说明上述诸责任承担方式与损害赔偿是竞合的关系。此处的竞合关系是指,在责任人履行了相应的责任方式后,受害人仍有损失的,得请求损害赔偿。

四、债法总则设计的不同路径

(一)我国应该设立债法总则

2002年10月所形成的《民法(草案)》中并未规定债法总则。根据参与立法人员的介绍,如果设债法总则,最大的问题是债法总则的内容有相当部分和合同法的一般规定重复。草案有合同法的一般规定,有侵权责任法的一般规定,以后再进一步完善有关无因管理、不当得利的规定。这样,债的有关问题基本上就解决了。这次没有把债法总则独立成编,但是,债的最基本规定,包括债的发生原因、债的效力,先写在民法总则的民事权利一章中。然而,正如有学者所指出的,应当看到,现行《合同法》超越自己的范围去规定本属于民法总则的法律行为规则、代理规则和本属于"债权总则"的规则,是因为《民法通则》的规定太简单,不能适应市场经济发展的要求,是权宜之计。现在,我们制定民法典,就应当按照法律逻辑和体系的要求，使现行《合同法》中属于《债权总则》的规定回归于《债权总则编》，属于民法总则的内容回归于《总则编》，将剔除了属于《债权总则》内容和属于民法总则内容后的合同法作为民法典的《合同编》。怎么能够因《合同法》规定了《债权总则》的内容而取消《债权总则编》？

亦有学者从债法总则效用的角度否定债法总则的设立。其认为，债法总则应该是为合同、无因管理、不当得利、侵权行为法提供共同适用的规则的……但在司法实践中，债法总则在合同之外的领域的适用却出现了“水土不服”的现象。并举例说明，关于债的抵销，各国法律一般都规定，因故意侵权而生之债禁止抵销。面临现实社会中的新问题而侵权行为法中未有明确条文规制时，债法总则也并未发挥出应有的作用。笔者认为，此种观点值得商榷。所谓“因故意侵权而生之债禁止抵销”，乃是指债务人不得为之，并未限制债权人对该权利的行使。[①] 就“债法总则未发挥出其应有作用”的论点而言，实属对债法总则的“冤枉”。债法总则的内容是在抽象和提取其具体制度的共性的基础上形成的，其本来就没有担负起创制的作用。

有学者指出，既然侵权责任法独立成编，那么，作为损害赔偿之债重点的侵权行为从债法中分离后，债法总则存在的必要性值得怀疑。诚然，侵权行为从债法中分离之后，整个债法的体系表面上看似乎出现了“危机”。但是，我们在观念上厘清损害赔偿的性质属于责任范畴，并不能剥离其与债法千丝万缕的联系。质言之，学界对债与责任分离的可行性及其优势已经做过大量论述，此处不再赘

① 参见《德国民法典》第393条、我国台湾地区“民法”第339条。

言。就债与侵权责任中损害赔偿的关系而言，基于债与请求权的关系，债法总则中相关规定仍可以适用于损害赔偿。梅迪库斯教授指出，有关债权的规定可以准用于请求权。在此，我们提出债与侵权责任形式主义与实质主义区分与联系的论点。所谓债的形式主义，是指大陆法系以给付为纽带，将传统民法上的4种"债"——契约、不当得利、无因管理和侵权行为组合起来的形式。其也反映了传统大陆民法债与责任融合的体例。所谓实质主义，是指债与责任的分离，承认债与责任实质上的区别。所谓债的形式主义与实质主义的联系或曰兼顾，是指在承认债与责任分离的基础上，同时兼顾债的形式主义，设立债法总则，对责任中以损害赔偿为形式的部分准予适用。

另外，债法总则存在的价值还在于其对民法体系其他部分的作用上。有学者指出，德国民法典体系之所以将债法的位置编排置于总则后，物权、亲属和继承前，其中一个原因就在在于，债权总则的规范对物权关系、家庭关系、继承关系产生的义务具有效力。在此，尚且抛开德国民法中债法位置安排的争论，就债法总则对于其他诸编的效力而言，上述学者的观点十分中肯。虽然德国民法坚持债与责任合一的体例，但是，如前文所述，这并不妨碍我们的认知，即其他诸编中有关金钱赔偿仍可适用债法总则的规定。而且，类推下去，债法总则对于基于法律规定的金钱给付，例如，我国《婚姻法》第40条规定的一方的补偿请求权，第42条规定的一方的适当帮助请求权以及第46条规定的无过错方的损害赔偿请求权，亦具有适用的余地。在一定程度上也可以解决我国学者所提出的"非典型之债"的问题。

（二）我国债法总则设计的不同主张

由上文论述可知，我国民法典中设立债法总则具有必要性和可行性。对于其具体制度设计,学界认识不尽一致。

梁慧星教授认为,设立《债权总则编》以统率《合同编》和《侵权编》,进一步完善"债权"法律制度,为发展现代化的市场经济和建立健康有序的市场经济法律秩序,提供法制基础。其主持编纂的《中国民法典草案建议稿》第三编(第二十章至第二十六章)即为债法总则,分别为通则、债的原因、债的种类、债的履行、债的保全、债的变更与移转、债的消灭。王利明教授主持编纂的《中国民法典草案建议稿及说明》第六编(第一章至第六章)即为债法总则,包括债的一般规定、债的发生、债的类型、债的保全、债的转让、债的消灭。其认为,从民法典体系构建考虑,物权是与债权相对应的概念,物权法已经独立成编,债权法也应当独立成编。当然,有关债权的总则应当尽量简化,可以考虑对《合同法》总则中没有规定的内容作一些补充性规定。

当然,债法总则的设计与整个债法体系的结构是不能分开的,可以说,债法体系的构建直接决定了债法总则的体系设计和内容安排。柳经纬教授认为,在明确应当设立债法总则的前提下,关于债法体系的具体安排可以考虑三种模式:一是如德国、意大利、日本等国民法典以及我国台湾地区"民法典"一样,专设债法一编,将债法的全部内容规定在债法编。二是如俄罗斯等国一样,分设两编:一编规定除了合同以外的债的内容,包括债的一般规范、侵权行为、不当得利和无因管理;另一编规定合同。三是鉴于许多学者认为传统的民法典关于侵权行为法的规定过于简约,不能适应侵权法的发展,需要增加条文,也可以考虑梁慧星教授提出的三编制构想,即分设三编,分别规定债法总则、合同和侵权行为,编制上前后相接,由此构成统一的债法体系。薛军博士认为,考虑到维持传统债法体系,采用“总则—分则”立法技术和变革传统债法内部结构这几重目标的前提下,对未来中国民法典的债法编的结构作如下设计:第×编:债法总则,包括第一章:债的一般规定;第二章:合同之债的一般规定;第三章:侵权行为之债的一般规定;第四章:无因管理之债;第五章:不当得利之债。第×+1编:债法分则,包括第一章:各种合同;第二章:各种侵权行为。

(三)债的财产性及其与责任的关系对债法总则设计的影响

如前文所述,对于法典体系的设计没有绝对的对错之分,关键在于选择适合我国自身国情的体系安排。一方面,我国《民法通则》中已经确立了责任法单独成编,且该种模式的实践效应亦获得肯定;另一方面,学界众多学者亦支持此种模式,具有广泛的理论基础。可见,采用此种模式,并不代表否定传统大陆民法所采方式的价值,仅是出于延续我国立法传统的考量。

唯需说明的是,本文无意对我国债法总则具体安排进行探讨,毋宁是希望通过本文的分析,能够厘清对设立债法总则问题的误区。通过分析上述诸学者的主张,笔者发现,以债与责任的关系为标准,学界分为同一性说和分离说。就同一性说内部而言,又分为两种主张:一种认为应维持传统大陆民法的体例;另一种则主张将侵权行为法单独成编。持同一性说观点的学者多主张设立债法总则。就分离说而言,一种主张认为,既然债的概念的中心是契约,且我国《合同法》中已经对相关内容进行了较为完备的规定,应当简化债法总则的内容;另一种主张则认为,既然债与责任已然分离,那么传统债的体系将被肢解,债法总则存在的必要性和可行性也就值得商榷。前文已经提及,上述争议看似与债与责任的关系直接相关,但其更深层次的原因在于对债的财产性问题认识的不同。质言之,债若不具有财产性,那么债与责任同一性的观点即可成立,不管侵权行为是否独立成编,其均属于债的范畴,债法总则的设立也就是当然之理;若债具有财产性,那么债与责任应当分离,侵权责任法应当独立成编。而侵权责任法独立成编后,债法总则设立的必要性和可行性也就受到怀疑。

然而,债的财产性与债法总则的设立真的如此水火不容、不能并存吗?答案是否定的。该问题的关键点在于,债法总则的各项规定能否适用于恢复原状、返还原物、消除危险、排除妨害、停止侵害、赔礼道歉、消除影响、恢复名誉、损害赔偿这几种责任承担方式(尤其是损害赔偿)上。如前文所述,应当将恢复原状、返还原物、消除危险、排除妨害、停止侵害、赔礼道歉、消除影响、恢复名誉这几种责任承担方式相应地规定在物权编和人格权编。而在侵权责任编单独规定损害赔偿这一种责任承担方式。而前文中所述及的关于债与侵权责任形式主义与实质主义的区分与联系的观点表明,债与责任仍有千丝万缕的联系。债为请求权,并不意味着所有的请求权都是债。在债与责任分离的前提下,权利人要求责任人承担责任时,亦以请求权为纽带。故此,在请求权这一纽带的作用下,存在债法总则的规定适用于侵权责任中损害赔偿的必要性和可行性。至于侵权责任中的其他责任形式,由于其具有较浓厚的人身属性色彩,在当今法律观念下,似乎不能直接适用债法总则的规则。唯在其他责任形式因得不到履行而转为损害赔偿时,方可产生适用的余地。由此,我们应该实现债与侵权责任关系的形式主义向形式主义与实质主义兼顾的转变,在承认债与责任分离的基础上,同时兼顾债的形式主义,设立债法总则,对责任中以损害赔偿为形式的部分准予适用。

正如学者所指出，把多种元素或原料进行混合、勾兑、调制后所产生的积极的功能和效果，被人们形象地称为“鸡尾酒效应”。不论哪国模式、哪种法制、哪种规则，只要适合中国国情、宜于为我国所借鉴，就可以成为我们立法的参考和可吸收的元素。最终形成的立法，无论其中勾兑了何种元素、调和了哪种成分、混杂了哪种制度，只要适合中国社会的实际需要、有益于推动中国社会的发展，就是“善法”。笔者希望，通过本文的论述，能够为我国民法典的体系设计有所裨益，为这杯“鸡尾酒”添加香醇质料！

专断性医疗行为去刑化思路诠析

钟　铖*

一、前言

医疗行为本身具有技术性、科学性、治愈性等特征，因而，医疗活动往往表现为一种患者服从医生指令的单向行为。在近现代之前的临床医学中，医疗行为的专断性操作并没有遭受过多质疑，但由于科学技术的发展、人类生活观念的改善以及大众自主意识的增强，人们日益重视与个人生活息息相关的公共领域保障，致使如今专断性医疗受到种种谴责甚至禁止。自此，医生的专断医疗与患者的意识自治之间产生了种种矛盾，也引发了一场关于专断性医疗行为合法性的热烈讨论。

专断性医疗行为，是指医生知晓患者病情及其诊治方案可能带来的后果，却未将实情告知或完整告知患者，在未经病人同意的情况下自主决定进行医疗活动的行为。不可否认，专断性医疗行为可

* 西南政法大学法学院 2015 级法律硕士。重庆市渝北区西南政法大学法学院。

能带来难以预知的危害性后果,但是,偶发性的损害结果是否必然由刑法介入调控,或者说刑法介入评价的界点在何处,这在学术界和实务界都尚存争议。回顾2008年发生在日本的"福岛县立大野医院案",被告在实施剖腹产手术时,发现幼婴的脐带与母亲的子宫壁紧紧相连,而通过正常匀力的拉扯也未能将母婴二人分离。医生试图用右手探入脐带与子宫之间的连接点处徒手剥离,却致使产妇的胎盘粘连处破裂,最终致其大出血而亡。该起医疗事故案的争议焦点在于该名妇产科医生是否存在业务过失。判断是否成立过失犯,其实质内核在于是否违反了注意义务,注意义务的违反程度高低也是影响某一过失行为成立刑事犯罪还是民事侵权的直接因素之一。医疗活动毋庸置疑包含着极大风险,可能引发难以预见之后果,尽管在绝大多数情况下是良性后果,但不排除患者遭遇附加损害的可能性。在临床实证中,无人工流产史的产妇胎盘粘连发病率为1.96%,产后出血的概率约为五成,即本案中的意外大出血状况很罕见。本案产妇有过剖腹产历史,医生在进行手术之前必定对产妇病情有过充分了解和询问,医生能够预见产妇有发生大出血的潜在可能。然而,在临床医学界的统一标准中并未将剥离胎盘这一行为作为违反注意义务的典型,因为,医学界认为不存在预见结果发生的具体可能性。本案最终宣告无罪,但是,其影响却十分深远,因为,本案中的被告确实是实施了专断性医疗行为,也确实造成了损害后果,二者之间具有直接因果关系,只是因为手术潜在风险难以预料,在当时的紧急情况下不能精确预见具体危险性的程度,若不实施胎盘剥离将会带来胎死腹中甚至一尸两命的更严重后果。

这起医生被捕的医疗过失案例将医生的注意义务与患者的有效承诺之间的矛盾纠纷推向了新高度。刑法是否应当介入调控典型的业务过失——医疗过失，医生是否又应当对医疗过失中的专断性医疗行为承担刑事责任，这是现在亟须探讨的话题。

本文以经典判例为引，通过对专断医疗案例分析以及刑法理论研究之说明，树立基本立场，即专断性医疗行为不应当完全受到刑法介入调控，在一定条件下，该行为能够阻却构成要件该当性和违法性。例如，对于紧急避险和正当业务行为下的专断医疗应当去刑化处理，对于侵犯公共利益及强制医疗之患者而有计划实施的专断性医疗行为并不构成医疗刑事犯罪。在挖掘、反思这些案例的同时，从注意义务、假定承诺、信赖原则及被允许的风险等相关刑法理论出发，寻求专断性医疗行为去刑化处理的可行之路径。

二、专断性医疗行为的刑法介入点

医疗行为在表象上具有伤害性，但究其本质，是以科学性、技术性、合理性的方法手段达到治愈目的的专业活动。医疗行为具有极大风险，患者应当知悉个人身体状况，也清楚不进行医疗救治将带来更具危害性的后果，因而，不能仅因医生对患者的救治方案具有风险而责难医生，从而去否定医疗行为的正当性。

在医疗过程中，即便是顶尖医师也不能精准预见复杂性医疗行为可能带来的具体危险后果。上文“福岛县立大野医院案”即是一个典型案例，医疗行为必然以目的正当性为前提，但是，不能仅因为过失行为而对专断性医疗带着主观有罪的心态作非理性化处理。

专断性医疗事故不等同于一般过失医疗事故，二者的最大区别在于，前者是在医生未告知或未完整告知的情况下，未经病患同意而实施的医疗行为。根据公认的医疗伦理原则，除了病患不能自主决定或者决定不合理且危及生命的重大紧急医疗外，一切医疗活动的开展进行都应当以医疗对象的同意或者承诺为大前提。专断性医疗行为实质上是医生自主决定了医疗过程的全部或部分程序，这无疑与病人的真实意思相冲突。笔者同意将医疗活动、患者权利以及医患关系纳入刑法规范，但是，主张专断性医疗行为入刑的学说，实质上将缺乏明示同意的医患纠纷上升到刑法调控的层面。

从刑法评价的角度上看，专断性医疗行为并不具备构成犯罪的伤害性质，正因为医疗的风险性，所以，病人健康水平的降低可以视为医疗效果的"副作用"。专断医疗如果改变了身体的完整性构造，则可能从身体法益维护的角度去主张权利，但是，如果并未造成这种根本性的改变局面，也就在事实上否定了专断性医疗行为作为刑事案件处理的可能性。

我国台湾地区发生过一起"耶和华见证人拒绝输血案"，病人基于坚定的宗教信仰拒绝输血，医生遵从其意思表示没有进行输血，最终导致病人死亡。耶和华见证人坚信圣经乃上帝之言语，因此，恪守包含"不捐血也不接受异体输血"在内的一系列教义。虽然本案并不涉及专断医疗，但从逆向思考却颇有价值。假设案中医生具有强烈的治病救人的医疗伦理观，并未遵循病人的意思表示，自行决定要给病人输血并最终成功救治病人，结果很可能如同美国的"麦乐特威斯诉舒尔曼案"，①再次出现病患状告医生侵权的情况。在医患关系中，权利维护的内核是自主决定权，在尊重病人自主决定权的主流观点下存在例外，即不得触犯公序良俗。具体而言，在侵犯公共利益或具有攻击性的精神疾病等场合下，医生可以跨越病患自主权，专断组织医疗活动。权利维护和医疗过失犯罪内

① 案件发生于1990年，身为耶和华见证人的原告麦乐特威斯（Mallettevs）因车祸已经陷入严重昏迷状态，医务人员在她的皮夹中发现了不接受输血的声明，然而，医生舒尔曼（Shulman）违反其意愿对其输血并成功救治。原告得知自己被输血伤痛欲绝，随即状告院方行为违法，最终院方败诉。

核的交点在于，在未尽注意义务，同时未尊重自主决定权，却使病患的身体状况朝着良性态势转变时，刑法上如何区分评价的问题。按照以往的思路，专断性医疗导致的偶发性损害结果应当以医疗过失犯甚至是伤害犯处理。那么，反过来说，因专断性医疗产生的应然性后果就不应以犯罪处理，即便医生未尽注意义务且未尊重患者的自主意识，但是，行为结果在客观构成要件上就已经不能满足入罪标准。

在1997年《刑法》颁布之前，我国没有规定医疗职业犯，目前，我国刑法对于医疗事故犯罪的规定亦不完善，仅有的法条限于《刑法》第335条医疗事故罪和第336条非法行医罪和非法进行节育手术罪。其中，第335条规定了医疗事故罪的构成要件是“医务人员严重不负责任，造成就诊人死亡或者严重损害就诊人身体健康”。按照目前的刑法体系，如果要对专断性医疗行为作为医疗事故罪处理，首先要界定“严重不负责任”以及“严重损害就诊人身体健康”的标准，这同时涉及罪与非罪、此罪与彼罪的关系问题。对于“严重损害就诊人身体健康”的标准，医学界和法学界有着截然不同的理解：[①]医学界主张参照国务院制定的《医疗事故处理条例》和卫生部颁布的《医疗事故分级标准》；法学界则主张以刑事案件伤残等级鉴定中的“重伤”作为“严重损害”的判断标准。而对于“严重不负责任”，在法官的自由裁量评判下，实质是医生对自身注意义务的严重违反。

行为人违反注意义务的行为与发生的损害结果之间“法律意义上”的因果关系并不能将结果回避措施的有效性问题作为过失犯认

① 笔者认为，“严重损害就诊人的身体健康”在形式上采用医学标准，但是，在量刑时必须要考虑是否构成重伤，双方不能彼此替代。

定。由此可见,专断性医疗行为的刑法介入并非必要,根据存疑时有利于被告原则,专断医疗大可不作为犯罪而视为民事医疗侵权行为处理,何况医疗行为目的正当、手段合法、结果未知,不应以医疗目的或者疗效成果论而排斥患者的自主决定权。专断性医疗行为存在合理抗辩事由,因此,可能在违法性层面寻找出罪之路。

三、由医疗过失理论基础谈去刑化思路

医疗行为存在正当目的性和积极趋势性,特别是专断治疗式医疗虽然以伤害身体的完整性构造为手段,但仍旧具有医学适应性与技术性,为社会普遍认可,[①]因而,在不违背公序良俗时,不应当非难医生的正当业务行为。以下笔者将从医疗过失的理论基础出发,对专断性医疗行为去刑化问题略述浅见。

(一)信赖原则在专断医疗中的适用

信赖原则(Vertrauensgrundsatz)源自20世纪中叶德国联邦法院的一起交通事故判例,是指行为人信赖他人能实施合乎规则的行为,只要该信赖具有相当性,即使由于他人的不当行为引起了危害结果,行为人对此也不承担责任的原则。换言之,信赖原则之适用是具体的,一方面,行为人应当尽到谨慎筛选义务;另一方面,要求相对方尽到注意义务,充分履行其职责。从过失行为直接导致的损害结果上看,注意义务和过失责任二者具有等价性,双方都可能因为己方过错而承担相应责任。

由公共交通推及医疗领域,信赖原则能否在专断医疗中适用值得探讨。理论上,医疗与交通同属公共服务领域中提高民众生活水

---

① 专断性医疗行为伴随的侵入式物理伤害只是行为表象,完全不影响其专业技术性及目的正当性。这一问题涉及后文专断性医疗行为的定性,因此,对德国、日本“医疗行为伤害说”中身体完整性构造遭受损害成为入罪事由应当提出质疑。具体可参见[日]大谷实:《刑法讲义总论》,黎宏译,中国人民大学出版社2008年版,第265页。

准和促进社会和谐稳定的必要构成，从此种角度而言，信赖原则适用于医疗活动应无争议。在实务中，日本的开创性判例——“北海道大学电气手术刀误接案件”可供参考讨论。该案中，医师为一患动脉管开存症的幼童实施手术，并且成功切断动脉管和大动脉之间的分歧点，不料经验丰富的护士在使用电气刀时误将电极板的正负线接错，致使该幼童3度烫伤，腿部截肢。法院认为，执刀医生可以完全信赖有经验的护士能完成手术刀电线连接这样简单的辅助作业，并且不能预见会发生误伤事件，因而，无法及时回避危害结果。法院最终判决医生对损害结果的发生没有预见可能性和结果回避可能性，手术行为本身与幼童的损伤不存在因果关系，因而无罪。但护士具有丰富经验，本应避免损害结果的发生，但因为严重疏忽大意被判处过失致人伤害罪。

病人出于对医方技术水准的信任而同意医疗方案，最终却因为医方过失导致了损害结果，此时，损害责任的承担以注意义务的不完全履行为基础，具有事实上相应的因果关系，该结果同时使信赖关系遭到破坏。笔者认为，信赖原则的适用空间可以扩大至所有具备组织协从性的双边多方关系，其中包括专断性医疗。病人对医院的选择源自对该医院及医生技术水准的信赖，此种信赖与风险具有相当性。当然，只有在医师已履行必要的注意义务并且对于患者的信赖本身必须相当才有信赖原则的成立。如果在专断医疗中没有严重损害结果的产生，信赖关系得以维系，那就意味着信赖原则具备排除专断性医疗行为犯罪性的功能。如同上案，信赖原则不仅存在于医患关系之间，也可能存在于医方内部。只要是独立的主体，都可能因为自我信赖或者是信赖他方的专业性、经验性而采取相应适当的行为，但是，根据期待可能性原理，又不能过分指责因此种信赖采取的相应适当行为所导致的自我损害或他人损害,因此,基于此种信赖便可以阻却专断医疗之违法认定。

(二)从违法性层面审视被害人假定承诺

在医疗活动的信赖关系中,主体已经潜在允认他方行为可能带来的危险性,即便这不是一种明示同意下的真挚承诺,但至少是推测承诺。推测承诺,是指因特殊情况,根据当时的医疗知识和技术水平能够合理治疗,即便病人没有完全被询问的可能,从客观因素上推定其知情后也会同意的承诺。真挚承诺和推测承诺都是在医生告知之情形下,患者应当会明示或默示接受结果的情形,但是,要推进专断性医疗行为去刑思路,还要考虑医生告知存在瑕疵的情形下,患者的同意视为承诺与否的特殊情形。

要明确的是承诺与同意并不完全相同,二者在刑法上的定位存在区别。同意是排除犯罪构成符合性的要件,承诺是法无明文规定的阻却违法事由。在伤害性质的犯罪中,被害人承诺是一个很重要的排除犯罪构成的考量因素。在司法实践中,当行为人取得了被害人之承诺,即便行为人实施的伤害达到轻伤等级也不构成故意伤害罪。同样的,在推定同意的情形下,应当认为专断性医疗也并不违法。而在医生存在告知瑕疵时,难以推定患者必然会同意专断医疗,此时,应当视情形具体问题具体分析。

当医生存在严重告知瑕疵,在极大程度上未能履行注意义务时,主观上便未能恪守医疗伦理观,破坏了医疗行为的正当性,客观上更是实施了冒险行为,因此,在这种极端情形下视之为医疗事故罪或伤害罪并无不妥。

然而,在现实中很少会出现如此严重的业务过失,在已经发生的绝大多数医疗事故中,医生对注意义务的违反较轻,实证中55%

为药物使用过当,最常见的原因是药物过敏,就医疗过失案件而言,大部分案件的量刑期限低于2年,且半数以上为缓刑。这说明,绝大部分医生都能履行注意义务。能履行并不等于充分履行,因此,可能产生说明义务的瑕疵。而医生的充分说明是患者同意有效性的前提条件,这会导致患者在一种错误认知的指导下同意医生对其进行医疗。这同时涉及推测承诺与假定承诺二者的差异,前者指病人因特殊情况完全没有被询问的可能性;后者并无紧迫性,只是因告知不完整取得瑕疵承诺。在假定承诺的场合下,更多要考虑的是法令行为、紧急避险和正当业务行为。

德国莱茵法院曾经审理过一起"骨髓癌截肢案",一位7岁女童患有结核性骨髓癌,不进行截肢手术则没有保全性命的可能。孩子的监护人听闻截肢毅然反对,但最终医生为了救治女孩对其截肢。手术成功挽救了女孩的生命,但医生却被指控以伤害罪。法院判定罪名成立,尽管医生维护了女孩的生命健康权益,但是,对任何侵入式的可能造成物理性身体伤害的手术都必须征求患者的同意。这起专断性医疗案件是德国"医疗行为伤害说"的起源,也因此引发了一场关于医疗行为正当性与损害后果危害性的辩论,实质是对专断性医疗行为的批判。从犯罪构成要件上看,该案已然构成伤害罪。然而,医疗活动造成的物理伤害根本不同于伤害罪构成要件中的伤害要件。首先,医疗活动本身具有正当性和治愈性,性质上与伤害的恶性完全不同;其次,医疗伤害只是以侵入为手段,根本目的在于救治或缓和病情。因此,无论从动机还是本质出发,医疗行为都不完全满足犯罪构成要件该当性。同理,专断医疗虽然没有患者的同意,但是,医生的说明瑕疵并未侵犯伤害罪之法益,只是影响了患者的自我决定权,在排除主观恶性的前提下,专断医疗的出现总是以紧急避险和强制医疗为前提。紧急避险本身就是违法性阻却事由,而强制医疗以维护社会公共利益为目的,以正当业务行为、法令行为以及公序良俗原则为法理基础。可见,“医疗行为伤害说”认为专断性医疗行为只要符合伤害罪的构成要件而不考虑是否成功治疗的判断标准有待商榷。无论是从违法性层面还是从法律原则审视,专断性医疗行为都具有排除犯罪的印迹可循,被害人承诺为专断性医疗行为去刑化架起了理论支点。

(三)被允许的风险与违法性二元价值论

尽管医疗行为总是向善的,但是,好的动机并不意味着不会出现坏的结果。任何行为都有有用性和无用性之分,期间总是伴随着风险存在。行为人应当遵循事物发展的规律,但是,如果足够谨慎还是触犯了法益,社会应当容许适当范围内风险行为的发生,即被允许的风险理论为专断医疗行为的合法性提供了依据。无风险则无利益,被允许的风险的哲学理论依据是英国学者边沁的功利主义,其核心是当行为的危险性与有用性相比,后者比前者更为优越时,应当允许该行为。毫无疑问,被允许的风险理论带有功利色彩,但是,在解决专断性医疗行为的问题上却具有现实意义。

由于专断性医疗行为是在没有征得患者真实同意的情况下发生的,因此,要在专断性和允诺性之间发掘其共通点。被允许的风险有必要的限度和范围,而要满足在该限度内的专断性医疗行为,必须排除犯罪构成要件该当性:(1)实施专断医疗的医生在主观上具备医疗目的,如果其初衷并非治病救人,当然不为社会公众所容许;(2)符合医学上的正当性要求,这同时也是医疗伦理原则的要求;(3)该专断性医疗行为的实施遵守了相关法律法规、医疗常规以及行业习惯等要求。不具备这些要件的行为至少可以认定为是医疗过失。目前的医疗事故罪限于重大过失,实际上即超出了被允许的风险范畴,例如,草率强行手术、明显怠慢收集信息、纯粹功利考虑等情况。本文讨论的专断性医疗行为是单一的未经患者同意的行为,并不涉及此类超出范畴的重大过失。

被允许的风险是可以预见也可能避免的风险,不同于意外事件的不可预见性。它的核心不仅着眼于有用性的结果,也包含行为过程的风险预判,允许风险的范畴界点在于重视违法判断基准中的行为反价值(Handlungsunwert)还是结果反价值(Erfolgsunwert)。行为反价值侧重探究行为本身对法益的侵害程度,是从行为开始到结束过程中需要预见到的风险,即危险行为是否能够被允许的问题。结果反价值更多考虑法益侵害带来的客观结果要素,是对风险行为造成的最终结果是否能够被允许的问题。例如,前文"骨髓癌截肢案",重视行为反价值则是医生对女孩实施截肢手术拯救生命的舍其轻取其重的价值衡量能否被接受,而结果反价值重在保护法益,女孩被截肢后的体貌及心理变化而带来的人格影响能否被容许。在重视行为反价值观点的背后是关于违法性本质的规范违反说,相反,在重视结果反价值观点的背后则是法益侵害说。笔者赞同前者,刑法应首先保全实定的社会伦理行为价值效力再去保护法益,否则,任何法益的保护都将变得虚幻无力。生命权是最重要的权利,是其他权利延续发展的基础,没有生命权则不可能构成完整意义上的人格,因此,案件中的专断医疗应当被允许,即便截肢会影响女孩未来的人格发育,但相比生命,仍旧是一个风险性和有用性的取舍问题,专断性医疗无疑是在最小化风险性的基础之上优先考量有用性的行为。

综上,专断性医疗行为即便具有风险性,但其有用性凌驾于风险性之上,大多数医疗行为具有治病救人的医疗目的性,医生应当尊重患者的意思表示,但也不能听之任之进而增加医疗活动中的忧患指数。赋予医生紧急情况下一定的自主决定权,从生命健康权益的最高层级出发,对患者的权益保护相对更为充分。被允许的风险理论适用于专断性医疗行为的去刑化思路,但是,必须受到限制,笔者认为,可作如下考虑:

首先,专断性医疗行为应当具备常规医疗的正当目的性、规范程序性、专业技术性、人员组织性等基本特征,通过现有的医学理论和医疗手段实施医疗行为。结合信赖原则,即便是专断性医疗,在特殊情形下医方实施的常规医疗也应当被认定为相应适当的行为。

其次,专断性医疗行为本身在未经患者真实同意下实施,具有增加风险概率之嫌,因此,在具体的操作过程中,医方应当充分考虑如何减小风险、提高医疗方案的实效性。如若违背风险最小化的原则,事实上,也就否定了被允许的风险的适用性。

最后,对于特别紧急情况下的专断性医疗,笔者认为,无论如何都是可以被允许的风险。例如,典型的紧急医疗事件——“肖志军拒签致孕妇死亡案”,[①]肖志军或上级领导未表示同意,院方应当立即组织剖腹产手术,即便手术结果不如预期,医生也不构成医疗事故罪,笔者认为,在病危之情形下应当优先考虑病人的生命健康而非自身的注意义务。紧急情况无法益,但紧急情况当有人情。本文认为,在某些特别紧急情况下可以排除患方同意,无理由适用

① 2007年11月20日,孕妇李丽云因心衰送至医院紧急抢救,其对象肖志军身无分文,医院诊断出不立即手术将致使李丽云死亡,对于医院承诺的免费入院治疗和剖腹产手术,肖志军拒绝在手术同意书上签字。院方也紧急通告北京市卫生系统各级领导,但因为相关规定未能手术,最终导致李丽云母婴双亡。

常规医疗下的专断性医疗行为，此时，不得苛责医生承担任何刑事责任。

四、结语

医疗行为涵括专断性医疗行为，而后者又纳入了具有阻却违法的医疗行为。专断医疗确实侵犯了患者的自主决定权，但是，在排除了犯罪事由的专断医疗行为模式下，存在专断医生不构成犯罪的可能性。本文通过找出刑法对专断医疗的介入点即违反注意义务的程度，进而将信赖原则与专断医疗建立关联，在期待可能性理论基础上通过被害人承诺引出假定承诺之概念，从排除犯罪事由角度分析了专断性医疗行为在该当性和违法性层面上的去刑化可能，最后从被允许的风险角度出发，阐述了专断医疗这一行为在社会体系中的刑法评价，否定其构成犯罪的可能。

诚如希波克拉底誓言所言：医生是为患者而存在的、仁慈的、权威的、以病人最大福利为己任的专家。其职业准则正是尽他最大的良知和能力去追求患者的最大利益，以维持一定的医疗品质。医者医患也医心，医师以治病救人为己任，通过合理医疗方案结合科学技术手段救人于水火。日常提及医疗，我们首先联想到的是救死扶伤、白衣天使。我们怎能期待医生违背职业道德和医疗伦理，眼睁睁地看着生命的逝去而毫无作为，怎能谴责拯救他人生命的高尚行为却使自己承担生命中不能承受之重。医疗行为本该得到赞赏、鼓励与包容，对专断性医疗行为亦应如此。刑法是剥夺生命、自由等“最严厉的制裁”的规范，用道德规范或其他规范保护不能带来效果时或者效果不充分时，才应开始发动“最终的手段”在谦抑主义刑法体系之下，从社会危害性和人身危险性审视，刑法对专断性医疗行为应适度容忍，对大部分符合限制条件的专断性医疗行为去刑化处理。在我们的社会体系中，法益固然需要得到保护，但刑法在规范秩序形成、调控社会关系的过程中，不应完全着眼于形式上的法益侵害而打破在公平正义与医患人情间的微妙平衡。

【实务探微】

虚拟信用卡风险监控及法律对策研究

尧先恒* 周 文** 杨士镔***

一、虚拟信用卡的比较优势

（一）虚拟信用卡被监管的背景

《中国人民银行支付结算司关于暂停支付宝公司线下条码（二维码）支付等业务意见的函》中规定，"虚拟信用卡突破了现有信用卡业务模式，在落实客户身份识别义务、保障客户信息安全等方面尚待进一步研究。为维护支付体系稳定、保障客户合法权益，总行有关部门将对该类业务的合规性、安全性进行总体评估"。虚拟信用卡被中国人民银行紧急暂停之后，支付宝的"蚂蚁花呗"和京东的"京东白条"等互联网金融产品一直存在，且用户数量剧增。上述两款金融产品的性质和功能与虚拟信用卡相近，但未被中国人民

* 西南政法大学经济法 2014 级硕士研究生。

** 西南政法大学民商法 2014 级硕士研究生。

*** 西南政法大学经济法学 2014 级硕士研究生。

项目简介：西南政法大学校级科研创新项目"大数据时代虚拟信用卡风险监控面临的困境及法律对策研究"（XZYJS2014136）。

银行暂停，说明监管层和企业主体等对其性质和功能的界定是模糊的。

(二)虚拟信用卡与传统信用卡的区别

我国立法上规定的信用卡仅限于实体卡(具有物理属性)。[①] 虚拟信用卡与传统信用卡的区别主要体现在5个方面(具体见表1)。

表1　虚拟信用卡与传统信用卡的区别

类别	传统信用卡	虚拟信用卡
存在形式	实体卡	无实体卡，只有虚拟卡号
申请环节	互联网、银行柜台申请	互联网申请
激活环节	柜台、互联网、手机方式激活，需要服务人员的配合	在线对信用卡卡号开通支付权限，即视为激活
授信环节	授信基础：审查申请人的收入、财产、信用等情况 授信的额度：额度多样，最高可达100万元	授信基础：利用大数据处理技术海量消费数据所得出的信用状况 授信的额度：小额授信为主。一般额度在1000～10000元之间
使用环节	线上支付和线下刷卡都可	线上支付为主，但线下二维码扫码支付存在安全性问题，被中国人民银行暂停

(三)虚拟信用卡的优势

第一，虚拟信用卡所需个人成本和社会成本低。首先，个人成本包括信用卡发卡人和申请人。传统信用卡成本包括卡面设计成

① 《商业银行信用卡业务监督管理办法》第7条规定："本办法所称信用卡，是指记录持卡人账户相关信息，具备银行授信额度和透支功能，并为持卡人提供相关银行服务的各类介质。"

本、卡片成本、受理端的各种销售终端(Point Of Sale,POS)机具成本等类型,如为芯片卡,则制作成本及受理成本将更大,而虚拟信用卡则无以上成本。“以一个年度发卡在200万张的发卡机构测算(按芯片卡占发卡量的20%计算),仅发卡成本将至少节省3200万元左右。”[①]其次,虚拟信用卡的社会成本低。虚拟信用卡所有流程都通过网络进行,大大提高了业务运营的效率,节约了宝贵的社会资源。第二,虚拟信用卡的授信将促进我国个人信用体系的建设。虚拟信用卡根据网络消费和社交数据的大数据分析和云计算处理,形成个人的信用报告。这种形式与中国人民银行主导的信贷体系内的信用体系建设能够相互补充,实现共同发展。第三,虚拟信用卡能够实现金融普惠的理念。虚拟信用卡主要服务于中低消费收入群体的金融和资金需求,扩大内需,促进金融公平。

二、虚拟信用卡面临的风险类型

(一)合规性风险

在目前金融法律和制度下,虚拟信用卡突破了法律的强制性要求,存在违规的情形。合规性风险主要有发卡主体不合规、办理程序不合规、违法国家反洗钱相关规定。

1. 发卡主体不合规的风险

根据《商业银行信用卡业务监督管理办法》(以下简称《办法》)规定,信用卡业务的主体应是商业银行,其他任何主体不能从事信用卡业务。中信银行分别与腾讯、支付宝合作开发的虚拟信用卡,学理上对其有两种态度。一种观点是其发卡主体是合规的。理由是该虚拟信用卡的发卡行是中信银行,虚拟信用卡发行本身属于银

① 赵懿:《电子账户弱实名问题和解决路径》,载《商业银行》2014年第9期。

行的业务之一，不存在违规的问题。而且，审核环节之一通过中信银行进入中国人民银行的征信系统进行审核，信用卡所用的资金由中信银行垫付。另一种观点认为，虽然表面上发卡行是中信银行，但是，中信银行相对支付宝而言作用较小。支付宝在虚拟信用卡业务的受理、审核、授信、使用环节都起着主体性作用，而非中介作用。具体而言，虚拟信用卡的受理是在支付宝所属的阿里巴巴、淘宝等网络平台下进行，审核也是依据用户填写的相关信息为基础的实名认证，授信的依据是阿里巴巴旗下淘宝和支付宝累积的用户各类身份和消费信息，技术基础是阿里巴巴旗下的阿里云服务，信用担保是阿里巴巴成立的担保公司。同时，对于失信违约的惩戒措施也由淘宝完成。例如，永久禁止在淘宝平台的运营资格、永久禁止注册支付宝账号等措施。法律和监管层在这方面都未明确，引发不合规的风险。

2. 办理程序不合规的风险

程序不合规主要体现在虚拟信用卡的办卡流程不符合现有的法律和制度的规定。根据《办法》的要求，信用卡的办理必须符合“三亲”的程序，[①]即亲见本人、亲见原件、亲见本人签字。虚拟信用卡办理的所有流程均在线上完成，无法实现“三亲”程序。这项违规将产生身份识别错误带来的未授权支付、冒领和大量违约的风险。目前，虚拟信用卡的身份识别主要是电子账户的“弱实名认证”的安全性问题。目前，我国金融领域内身份识别有三种模式，分

---

① 《办法》第37条第3款规定，申请人确认栏应当载明以下语句，并要求客户抄录后签名：“本人已阅读全部申请材料，充分了解并清楚知晓该信用卡产品的相关信息，愿意遵守领用合同（协议）的各项规则。”第38条第1款规定：“发卡银行应当公开、明确告知申请人需提交的申请材料和基本要求，申请材料必须由申请人本人亲自签名，不得在客户不知情或违背客户意愿的情况下发卡。”

别为直接认证模式、代理认证模式和间接认证模式。直接认证模式即目前的“面签”制度的要求。间接认证模式,是指认证主体与其他机构合作,通过核查开户申请人对已在合作机构开立的实名制账户的控制能力,将合作机构实名认证结果迁移至本机构的身份认证方式。间接认证模式分为两种:一种是强间接认证模式;另一种是弱间接认证模式。强间接认证模式即指通过结合其他传统商业银行数据间接认证。弱间接认证,是指直接根据用户填写的身份信息或者最多让用户上传其身份证的照片至虚拟信用卡的发行者,让发行者对其进行审核。支付宝和中信银行合作发行的虚拟信用卡的认证模式属于强间接认证模式。用户通过网上填写相关信息,然后审核人员通过与商业银行的实名认证核对。由于银行卡开户目前一律实行面签,所以,可以间接证明网上用户填写的信息与银行的信息的一致性。但是,在目前个人身份信息在网络上公开买卖的情况下,通过间接认证模式无法识别开户者是否是合作银行的银行卡的开户人,而且,也无法认证开户者是否有真实的开卡意愿。

3. 违反反洗钱规定的风险

“在互联网金融活动中,任何涉及资金流转的环节,都能成为洗钱犯罪的爆发点。”[①]根据我国反洗钱法律法规,金融机构有客户身份识别、交易信息保存、大额交易报告等义务。“而由银行发行的传统信用卡交易均经过中国银联的清算系统,银联清算系统又与人民银行的反洗钱、征信系统等系统连接,接受人民银行的监督,防止交易的违规。”[②]根据现有规定,第三方支付机构必须履行反洗钱义务。中国人民银行发布的关于《支付机构反洗钱和反恐怖融资管理

① 刘宪权:《记互联网金融刑法规制的“两面性”》,载《法学家》2014 年第 5 期。
② 刘帅:《虚拟信用卡安全性分析》,载《信息安全》2015 年第 5 期。

办法的通知》明确了第三方支付机构的反洗钱义务、相关责任和监管手段。但是，目前存在第三方支付机构在事实上未执行反洗钱义务。这其中的原因包括两方面：一是有些支付机构片面追求利润。他们认为履行反洗钱义务将增加其运营成本。二是支付机构对反洗钱的重视程度不够。其表现在反洗钱的金融基础设施不全、人员和经费配置不够等问题。支付机构并没有按照监管机构的要求设立专门的反洗钱部门，大多是成立合规部或风控部。“以支付宝为例，支付宝反洗钱主要由位于杭州的合规部以及位于上海的风控部门负责。其中合规部负责合规政策、制度制定落实，企业内部业务环节反洗钱工作的协调配合，对外界反洗钱监管部门的可疑交易报送、检查与案件调查协调配合等工作。”①合规部门和风控部门人员很少，实际上只有一人专门负责反洗钱的工作。同时，虚拟信用卡在客户身份识别方面存在不少问题，极易发生非法获取他人身份信息申请多张虚拟信用卡进行洗钱等犯罪活动。

(二)安全性风险

1.数据和技术安全风险

(1)数据安全风险

数据安全风险主要体现在数据操作风险和数据保护制度的不足。第一，数据操作风险包括数据管理风险、数据传输风险和数据加工风险等类型。数据的管理风险包括数据的泄露、丢失和损坏。虚拟信用卡的办理产生大量的信用数据，这些数据将被存储于互联网的云端。如果一旦系统发生内部或者外部的故障，造成客户重要信用信息的丢失，对于互联网企业和用户都将是一场巨大灾难。

① 杜秦智：《基于C2C下第三方支付行业的反洗钱实践》，载《决策与信息》2011年第6期。

"现有大数据系统架构的顽疾,如数据准确性、一致性,数据质量及可靠性不高的特点均不同程度地保留在互联网金融机构的核心业务数据系统中,埋下了一颗不小的定时炸弹"。[①] 数据的传输风险包括数据的加密产品供应不足、数据传输系统的崩溃等情况。以阿里巴巴公司为例,其对数据加密产品的开发和投入能力也是有限的。同时,由于需要传输的数据越来越多,传输系统的安全的维护压力巨大。数据加工风险,是指在数据加工过程中对于数据的利用能力不足。其中包括信用评价数据模型建构数量、质量和数据分析的速度等情况。第二,数据保护制度的不足是数据安全风险的重要来源。我国在数据保护立法、执法和司法上都存在很大的不足。首先,我国数据保护立法严重滞后。其一,我国没有专门的数据保护立法。我国现有的数据保护不成体系,且存在不全面、法律冲突、操作性不强的特点。其二,我国数据保护立法不适应大数据时代的发展。虚拟信用卡是一个网络化的数据载体,大数据的利用和大数据的保护之间的平衡将是一个重大课题。其次,数据保护执法存在不足。主要体现在执法机关能力不足、执法手段落后、执法系统共享不足等方面。最后,数据司法保护存在限制性因素。主要体现在举证困难、责任分配不清、诉讼制度不适应网络社会发展等方面。

(2)技术安全风险

技术安全风险包括技术选择风险、技术应用管理风险、技术外包风险等。技术选择风险,是指虚拟信用卡的发行者选择何种技术来支撑其业务。因为,每种技术的选择都有其局限性,哪些技术在未来更适合和安全,是需要进行选择的发行者考虑的风险因素之

① 芮晓武、刘烈宏:《中国互联网金融发展报告》,社会科学文献出版社 2014 年版,第 272 ~ 273 页。

一。技术应用管理风险，是指在技术应用过程和设备管理、人员管理过程产生的违规操作、设备老化等风险。技术外包风险，是指将所需的技术外包给其他市场主体带来的风险。

2. 增加基础货币风险

账户归属和授信主体是判断虚拟信用卡是否存在增加基础货币风险的关键。如果账户开立和授信主体都为银行，因其履行存款准备金义务，不会创造基础货币。如果账户开立和授信主体为第三方支付平台，那么，其不受存款准备金的限制，可能增加基础货币。阿里巴巴与中信银行合作开发的虚拟信用卡的账户和授信主体都为中信银行（因为，信贷资金为中信银行垫资），本质上不存在增加基础货币的风险。但是，这种垫付存在时滞，也即延期支付。在延期支付期内，第三方支付平台相当于为网络消费者创造了"基础货币"，且客户能用这种货币进行实物购买，短期内将对现行人民币体系产生影响。[①] 在虚拟信用卡业务被中国人民银行暂停后，很多互联网企业开发类似产品的热情依然不减。但"京东白条"[②]和支付宝花呗分别为应收账款迟延履行和小额信贷，同为消费金融的范畴。

3. 经营安全风险

经营安全风险，是指虚拟信用卡用户违约导致虚拟信用卡发行主体和合作方经营损失的风险。由于虚拟信用卡依赖于网络身份识别技术和大数据征信。首先，如果网络身份识别技术不能保证身份识别的准确，将导致利用该漏洞进行冒领虚拟信用卡，对虚拟信

---

① 张弦：《"虚拟信用卡"创造"虚拟基础货币"亟待政策规范》，载《金融观察》2013年第24期。

② 京东"白条产品"的运作方式是京东作为货物所有者，延迟30天向消费者收回货款，白条实质上是京东的应收账款。

用卡业务的经营造成影响。其次，大数据征信依赖于征信数据的准确性和征信技术的可靠性。但是，目前互联网数据质量很难得到验证，大数据征信技术也未完全成熟。对于用户数量庞大的虚拟信用卡，如果出现失误，将导致经营的重大失败。

三、完善虚拟信用卡风险监控的法律措施

(一) 明确虚拟信用卡的性质、发行主体和授信主体

"美国互联网金融监管的核心是从法律与金融的角度厘清互联网金融中不同参与人的法律地位和各种金融交易的法律性质，然后从合理平衡、鼓励创新和防范风险的角度实施从线上到线下的法律监管。"[①]我国信用卡相关立法滞后于互联网金融的发展，相关监管措施也未厘清参与人的法律地位和交易的法律性质。我国目前有关信用卡业务的法规最主要是2011 年中国银行业监督管理委员会颁布的《商业银行信用卡业务监督管理办法》(以下简称《办法》)，《办法》将信用卡仅限定于实体卡。随着互联网金融的发展，虚拟信用卡对普惠金融有重大作用，立法应该做出积极回应。

第一，建议立法对虚拟信用卡的性质作出规定。首先，虚拟信用卡与传统的信用卡的本质是相同的。即传统信用卡的所有功能，虚拟信用卡也具备。立法应该确认虚拟信用卡的性质与传统信用卡的性质相同。其次，虚拟信用卡是互联网化的信用卡。虚拟信用卡没有实体介质，以电子的形式存在。最后，虚拟信用卡在很多环节与传统的信用卡不同。尽管虚拟信用卡在发行主体、发行程序、授信规则、惩罚措施等方面与传统的信用卡存在差别，但并不影响其作为信用卡的本质。

---

① 李曙光：《论互联网金融的法律问题》，载《法学杂志》2016 年第 2 期。

第二,建议立法规定虚拟信用卡的发行主体和授信主体为商业银行。首先,为了解决虚拟信用卡发行主体不合规风险,虚拟信用卡发行主体应限定为商业银行。其一,将虚拟信用卡发卡主体界定为商业银行符合国际惯例。国际上信用卡都是由银行或者专门的信用卡公司发行。其二,将虚拟信用卡发行主体界定为商业银行符合我国目前立法。《办法》明确规定信用卡的发行主体为商业银行。其三,将虚拟信用卡发行主体界定为商业银行能够保证国家对金融的控制权。现行法律将商业银行作为信用卡的发行主体,是因为商业银行作为重要的国家资源,体现了国家对金融的垄断控制。其四,商业银行受到国家的强力监管。与互联网企业(如阿里巴巴公司)相比,政府对商业银行的监管政策严于互联网企业。将商业银行作为虚拟信用卡的发行主体,能够更好地履行好风控任务。其五,将虚拟信用卡发行主体界定为商业银行能够保证信用卡发行市场的竞争秩序和行业稳定发展。传统信用卡与虚拟信用卡发行主体不同,但商业银行和互联网金融企业的牌照管理和监管政策不一致,将导致监管套利和不正当竞争,损害信用卡行业的健康发展。其次,为了解决虚拟信用卡增加基础货币风险,建议立法确定虚拟信用卡的授信主体为商业银行。国家对基础货币的控制是通过商业银行进行的,商业银行作为授信主体,不存在增加基础货币的问题。最后,建议立法应该明确市场其他主体参与虚拟信用卡业务的范围。其一,虚拟信用卡的发行主体和授信主体是商业银行进行虚拟信用卡业务发展的底线。其二,在保证底线的前提下,商业银行可以和其他市场主体进行合作。商业银行可积极利用互联网企业的大数据、技术、销售渠道等优势,与互联网企业合作共赢。

第三,确定虚拟信用卡的发行主体和授信主体为商业银行不阻碍金融创新。首先,该行为不是为维持商业银行的垄断。其他主体可以通过发起成立民营银行发行虚拟信用卡。且以互联网企业股东为背景的民营银行在大数据、客户、销售渠道等方面具有很大优势,可以和商业银行进行公平竞争。其次,包括互联网企业在内的其他企业可以和商业银行合作,创新开发虚拟信用卡产品,实现共赢。最后,明确的法律和监管政策也有利于降低企业的风险,提升企业创新的积极性。

(二)强化虚拟信用卡业务运行的反洗钱监管

我们应该明确履行反洗钱义务的主体范围。虚拟信用卡的合作方众多,是否都要履行反洗钱义务?笔者认为,履行反洗钱义务的应是商业银行和第三方支付机构。首先,根据我国相关规定,商业银行和第三方支付机构都需要履行反洗钱义务。其次,商业银行和第三方支付机构在虚拟信用卡的业务中作用巨大。商业银行作为虚拟信用卡的发行主体和授信主体,履行反洗钱义务有利于减少虚拟信用卡运行过程中的洗钱风险。第三方支付机构应该严格按照《支付机构反洗钱和反恐怖融资管理办法》的要求,在反洗钱上的人员、经费和技术上予以保障,并实施常态化的监管。特别是虚拟信用卡通过快捷支付方式进行交易时,反洗钱监管应该重视其中的风险。

(三)制定虚拟信用卡安全技术标准

1. 制定身份识别技术标准

“互联网金融区别于传统金融最大的特点就是对网络信息技术的依赖,能否为消费者提供稳定、安全的金融服务环境是互联网金融发展的前提和保障。”[①]虚拟信用卡办理程序不合规是因为其无法保证识别方式的安全性问题。虚拟信用卡发行机构必须解决身份识别和电子签名、认证的安全性问题。

由于经济性的考虑,虚拟信用卡业务不可能采用面签的方式。笔者认为,生物识别技术与电子签名的结合可以替代传统的面签。目前,比较成熟的生物识别技术包括指纹识别、脸部识别和静脉图案识别。指纹识别容易受到皮肤和外界环境变化的干扰。脸部识别技术容易受脸部变化的影响。例如,行为人可以通过脸部整形技术规避脸部识别技术。静脉图案识别是基于人体内部的静脉结构,不易受外界的干扰,且因需要活性或者流动的血,复制难度相对较大。同时,随着我国《电子签名法》的实施,电子签名的效力也得到法律的确认,可以替代面签。不过,任何技术都需要有一个成熟的过程,且该技术也不是没有任何漏洞,都需要在应用中不断完善。目前,中国人民银行《关于改进个人银行账户服务加强账户管理的通知》规定,“银行可通过柜面、远程视频柜员机和智能柜员机等自助机具、网上银行和手机银行等电子渠道为开户申请人开立个人银行账户”。虚拟信用卡可以以远程视频的形式验证身份和开户。但这种形式也受网络的稳定性和自助机具数量的限制,开立账户时需要银行工作人员现场核验,开户的效率和便利性不如上述的生物识别技术。

2. 制定数据保护规则

第一,完善数据保护立法体系。我国应该尽快制定个人数据保护法,为虚拟信用卡的数据保护提供法律依据。第二,完善数据保

① 汪振、江张驰:《互联网金融创新与法律监管》,载《兰州大学学报》(社会科学版)2014年第5期。

护执法措施。首先，应该通过整合多部门力量完善执法信息系统，形成信息共享后的联动执法。其次，应该建立在线争端解决机制。在"互联网背景下，消费者可以利用微博、微信等方便、快捷的自媒体渠道为自己维权，也可以通过建立 QQ 群和微信群等网络结社的方式集结起来跟商家进行谈判、索赔"。① 最后，应该创新执法的手段。特别是建立有效的非现场执法手段，通过互联网对企业数据保护行为进行监管。目前的非现场监管方式主要依靠政府要求企业报送资料和报告的方式进行，但在时效性强的互联网金融产品方面，其显得相当滞后。政府可以要求企业系统给予监管机构一个特别通道，以便监管机构可以随时了解相关的信息。但这种方式也有其风险，即通道的安全性和企业商业秘密保护问题。第三，完善数据保护司法救济手段。首先，完善公益诉讼制度。虚拟信用卡用户量巨大，且问题呈普遍性，适合公益诉讼。且按照现行的法律和规定，金融消费者（尽管对这个概念有争议）理应包括虚拟信用卡的用户。消费公益诉讼已经得到我国法律全面的认可。其次，完善格式条款的解释机制。严格限制虚拟信用卡发卡主体和合作方利用服务协议转嫁数据的安全风险。例如，虚拟信用卡发行主体通过服务协议的形式将数据分享给任何一个合作方（该分享行为并未得到用户的许可）。最后，合理分配相关主体责任。特别是服务外包造成数据问题的责任分配规则。如欧盟 1995 年《个人数据处理过程及个人数据自由流转过程中个人隐私保护指令》规定，"个人数据所涉及的个人系该数据的主体，个人数据即归数据主体所有；未经数据主体的明确同意，不得披露个人数据；数据用户对个人数据的

① 胡光志、周强：《论我国互联网金融创新中的消费者权益保护》，载《法学评论》2014 年第 6 期。

使用仅限于经数据主体同意的目的和用途,未经许可,数据用户不得向他人转让该数据使用权”。[①] 据笔者了解,很多电商平台将自己掌握的大数据在数据清洗后直接在大数据交易所进行交易,而“数据清洗”并不等于“数据匿名”。[②] “数据清洗从大数据分析与利用的角度出发,是指通过加工整理,将不规则的数据转变为规则的数据,去除无用元素,从无序转变为有序,从而为数据分析打下基础;数据匿名则强调去除数据中的用户身份数据,消除数据的身份可识别性,是从保护用户隐私角度而开展的工作。”虚拟信用卡承载着用户的大量身份、金融等敏感数据,一旦出现风险,将很难得到控制。

3. 完善虚拟信用卡相关的技术安全制度

第一,建立科学合理的灾备制度。通过建立完善的灾备系统,强化灾备演练能够有效应对紧急事件。[③] 同时,灾备计划和常规演练也是克服系统风险的重要步骤。第二,完善风险内控制度。风险内控制度的目的主要是防范操作风险和道德风险。虚拟信用卡发行机构应该通过在系统、教育训练、制度等方面防止操作失误。“在系统方面,必须具备防呆账机制,例如在重要字段涉及核检功能,不合逻辑或数据格式的,当场显示警讯或拒绝人员输入。”虚拟信用卡发行机构应建立标准作业流程,并对工作人员进行全面的培训,防范操作风险。由于网络的隐蔽性特征,给了发行机构工作人员更多的权限,极易造成道德风险。发行机构应该进一步完善内部授权制

---

① 谢媛:《网络银行风险监管制度探析》,载《金融监管》2014年第5期。

② 王融:《关于大数据交易核心法律问题》,载《大数据》2015年第2期。

③ 2015年5月,由于杭州市萧山区某地光纤被挖断,造成部分用户无法使用支付宝,整个中断过程长达2.5小时,所幸用户资金全都安全。此起突发事件也给全国大型机构提醒,灾备必须常抓不懈。

度、稽查制度、防弊制度，防止内部人员越权和从事不法行为。

（四）经营安全风险的防范

除了传统的防范经营安全风险的手段外，虚拟信用卡防范经营安全风险的重要手段是整合传统征信和大数据征信的资源，以及完善的信用违约惩戒机制。“互联网金融风险规制之解决信息不对称问题和实现投资者风险吸收能力与金融资产风险相匹配的逻辑出发，应把交易主体道德风险和机会主义行为所导致的交易不确定性，以法律方式予以剔除。”[①]传统征信手段和大数据征信手段整合可以防范道德风险和机会主义的发生。传统征信最典型的是中国人民银行的征信系统，“央行征信系统在数据质量、征信产品、数据复杂性、数据源和数据价值等方面远远好于阿里巴巴，但是在数据分析、宏观预测、技术创新等方面还落后于阿里巴巴”。虚拟信用卡发行方和合作方在挖掘数据、应用模型处理数据，实现“数据—信息—商业价值”的经营目标，保证数据的唯一性、有效性、完整性、共享性的同时，也增加其在每一数据挖掘节点、数据传输节点、数据处理节点出现错误和损失的可能性，诱发经营风险。第一，应解决“大数据导致大错误”的风险。虚拟信用卡发行人和合作方应该强调事前预测的准确性、事中资金使用情况监督和事后还款情况的控制。首先，为提升事前预测的准确性，发行人和合作方应该提升大数据处理能力，包括数据模型的建构能力、有效信息甄别能力、失误后的纠错能力。对于海量的消费信息，应该建立有效的信息甄别技术，排除无用信息的干扰。其次，虚拟信用卡发行人还可以通过大数据应用技术及时跟踪资金的使用情况，通过信用额度、资金用途、资金

① 杨东：《互联网金融风险规制路径》，载《中国法学》2015 年第 3 期。

流向控制防范风险。又如,将信用卡资金用途限定为平台消费,或者将资金流向限制在某一特定范围内。例如,用户使用了信用卡的额度,而这些消费却是利用网络(如微信)进行赌博活动。腾讯可以利用自己微信的技术管理来进行一定监测,降低风险。最后,虚拟信用卡发行人和合作方还应加强事后还款情况的控制。发行人可以从加强与保险机构合作应对客户的违约。加强与保险机构合作,在虚拟信用卡用户没有偿还能力时,保险公司先行清偿,降低发行人风险。第二,应该建立和完善信用违约惩戒机制。虚拟信用卡发行方和合作方都应采取措施惩戒违约者。对于虚拟信用卡发行方而言,其可以采取计算罚息、将违约者的信用违约记录纳入中国人民银行的征信系统等手段。对于虚拟信用卡合作方而言,应该结合自身的特色和能力对违约者进行惩戒。如阿里巴巴公司主要采取注销账户(可以规定合理的解冻规则)、在平台内公布信用记录等手段。

同步讯问录音录像资料的证据属性分析

周玉萍*

近几年，法院重新审判许多冤假错案，例如，“赵作海案”“佘祥林案”等案件，这些错案有个共同的特点，即在侦查讯问时，犯罪嫌疑人都受到刑诉逼供。刑讯逼供成为这些冤假错案的始作俑者，为了预防刑讯逼供，理论界和司法界都提出了许多方案。其中，讯问录音录像制度在实践中开始试行，检察机关和公安机关分别颁布了录音录像的具体实施规则，2012 年《刑事诉讼法》第 121 条规定，讯问中侦查人员可以录音录像，对于可能判处无期徒刑、死刑的案件以及其他严重犯罪案件应当录音录像。讯问录音录像以立法的形式确立，打破了长期以来“密室讯问”的局面，对于防止刑讯逼供起到了一定作用。但是，司法机关仅将录音录像作为规范受挫权力的

* 西南政法大学法学院 2014 级硕士研究生。

内部工作机制，并以此为由将该录音录像资料作为工作资料，[①]这种过于狭隘的“工具主义”思想阻碍了这项制度发挥其应有的功能。[②]学者对录音录像资料的法律属性进行了探讨，但并没有形成统一的学说，其中主要有“实质证据说”[③]“程序证据说”[④]“弹劾证据说”[⑤]等。由于立法和学界没有对录音录像资料的法律属性形成统一意见，这也使各地检察院和公安机关对录音录像资料的处理方式不同，有的地方将其作为侦查机关的工作内部资料，不移送法院，也不提供给律师查阅；有的地方虽然没有明确规定录音录像作为证据，但在实践中，司法工作人员会将该资料随案移送至法院，并且允许律师查阅。[⑥] 作为同一项制度的结果，却受到截然不同的“待遇”，这也违反了法律的内在统一性。对此，法律应该尽早明确讯问录音录像资料的证据属性，让司法工作人员有法可依，辩护律师有法可寻。

---

① 参见2014年5月26日最高人民检察院关于印发《人民检察院讯问职务犯罪嫌疑人实行全程同步录音录像的规定》第2条第3项规定：讯问录音、录像资料是检察机关讯问职务犯罪嫌疑人的工作资料，实行有条件调取查看或者法庭播放。

② 2012年3月9日全国人大常委会提交全国人大审议的“关于《中华人民共和国刑事诉讼法修正案（草案）》”的说明中指出，“为从制度上防止刑讯逼供行为的发生，修正草案增加规定了拘留、逮捕后即使送往看守所羁押，在看守所内进行讯问和讯问过程的录音录像制度”。很明显，立法是想通过在讯问室中安插“第三只眼睛”监督讯问人员。但是笔者认为，不能仅将录音录像当作工具使用，同时，它也记录了嫌疑人回忆案件的经过，记载了嫌疑人的供述与辩解，更重要的是还记录了犯罪嫌疑人的“微语言”——身体动作与表情，完全可以充当证据，证明案件事实。所以，录音录像也具有证据的功能。

③ 实质性证据，即证明犯罪案件实体事实的证据。

④ 程序证据，即证明办理案件程序是否合法的证据。

⑤ 弹劾性证据，即动摇其他证据可靠性的证据只用于质证中。学者认为录音录像主要用来否定庭审翻供，所以叫弹劾性证据。

⑥ 这种实践做法是笔者咨询安徽省亳州市检察院工作人员时获取的结果，在咨询时，该院的工作人员说他们并不拒绝律师查阅录音录像，同时在提起公诉的时候也随案件移送。

一、讯问录音录像制度的立法与实施现状

(一)讯问录音录像的立法

近几年,我国刑事诉讼法学界以及立法、司法实务部门一直在积极探索建立讯问录音录像制度,2005 年 11 月 1 日最高人民检察院颁布了《人民检察院讯问职务犯罪嫌疑人实行全程同步录音录像的规定(试行)》[以下简称《同步录音录像规定(试行)》],在检察机关内部率先确立了讯问录音录像制度。但该规定仅是一部讯问录音录像的操作说明书,并没有涉及录音录像资料的法律属性,有学者从该规定的第 15 条推断出最高人民检察院并没有将讯问录音录像作为证据使用,限制了录音录像使用的范围。[①] 2005 年 12 月印发的《检察工作中国家秘密及其密级的具体规定》将讯问录音录像明确规定为"国家秘密",录音录像资料由此更不可能被作为证据对外开放。2012 年新《刑事诉讼法》的出台也仅是规定了强制性录音录像和非强制性录音录像[②]的情况,并没有表达录音录像资料的法律属性。最终,2014 年5 月 26 日最高人民检察院印发了《人民检察院讯问职务犯罪嫌疑人实行全程同步录音录像的规定》(以下简称《全程同步录音录像规定》),第 2 条第 3 项规定:讯问录音、录像资料是检察机关讯问职务犯罪嫌疑人的工作资料,实行有条件调取查看或者法庭播放。该规定表明了检察机关对录音录像资料的态度,即录音录像资料只是侦查机关的工作资料,原则上不对外公

① 2005 年《讯问录音录像规定》第 15 条规定,案件审查过程中,人民法院、被告人或者辩护人对讯问活动提出异议的,或者被告人翻供的,或者被告人辩解因受刑讯逼供、威胁、引诱、欺骗等供述的,公诉人应当提请审判长当庭播放讯问录音录像资料,对有关异议或者事实进行质证。学者谢小剑从该条推断出录音录像不作为证据使用。

② 强制录音录像,是指法律规定"应当"录音录像的情况,主要是指犯罪有可能被判处无期徒刑、死刑以及重大贿赂的案件。非强制录音录像是指法律规定"可以"录音录像的情况,侦查机关有自由裁量权,不录音录像也不违反规定。

布。《人民检察院刑事诉讼规则(试行)》第73条规定了调取录音录像资料的例外情况,主要还是为了证明收集证据的合法性以及犯罪嫌疑人、被告人供述笔录的真实性,并不是出于直接证明案件事实的目的。以上这些法律规定都表明检察机关不愿意将录音录像资料作为证据移送法院,并提供律师查阅。

然而,最高人民法院却有不同的立场。2013年9月22日最高人民法院关于辩护律师能否复制侦查机关讯问录音录像的问题做出批复,批复中写到"侦查机关对被告人的讯问录音录像已经作为证据材料向人民法院移送并已在庭审中播放,不属于依法不能公开的材料,在辩护律师提出要求复制有关录音录像的情况下,应当允许"。虽然只是批复的形式,但表明最高人民法院倾向将录音录像证据作为证据使用,并且提供律师查阅。

(二)讯问录音录像资料的使用现状

由于无法统一认定录音录像资料的法律属性,公安机关、检察院、法院处理该资料的方式不尽相同。录音录像制度最早是在检察机关办理职务犯罪案件中试行,我们可以从检察系统中观察录音录像资料的使用情况。2014年《同步录音录像规定》第14条规定了三种情况下才移送同步录音录像复制件,即人民法院、被告人或者辩护人对讯问活动有异议的;被告人翻供的;作为讯问没有实施刑讯逼供的证据。所以,各地的检察机关只有在这三种情况下才会公开录音录像。有的检察机关在审查起诉阶段以录音录像为国家秘密为由拒绝辩护律师的查阅,在非上述三种情况下也不会将录音录像随案移送至人民法院。但有些检察院在审查起诉阶段就将录音录像提供律师查阅,并且主动随案卷移送法院。其中,随案移送的录音录像也并非全部用于证明案件事实,多数是为了"对付"被告人庭审中的翻供。根据原最高人民检察院副检察长王振川在全国检察机关讯问全程录音录像工作经验交流会上的讲话(2007年11月13日),自开展全程同步录音录像以来,全国检察机关在法庭上播放录音录像资料共计4802次,被法庭采纳4182次,采信率达到87.1%,绝大多数犯罪嫌疑人在法庭上的翻供被依法认定不成立。具体到地方法院,法庭上播放录音录像的案例很少。据统计,淮北市检察院自2007年10月实施全程同步录音录像到2010年以来,总共就播放5次,并且都是在被告人当庭翻供的情况下播放的。此外,检察机关经常将录音录像作为对抗“刑讯逼供指控”的有利钝器,只要播放侦查讯问同步录音录像,被告人关于“遭受刑讯逼供”的说法就成了“谎言”,庭前供述就不再是“非法”,这是何等丰厚的“红利”!时而把录音录像作为证据使用,时而又不作为证据使用,随同案卷移送到人民法院,这种混乱的做法实在令人费解。确定录音录像的法律属性,规范司法机关处理录音录像的方式成为当务之急,有些学者也提出了自己的看法。

二、相关理论学说的评析

2012年新《刑事诉讼法》采纳了“材料说”定义证据,能够证明案件事实的材料即为证据。与检察机关的态度不同,理论界认同录音录像具有证据属性。只是对属于什么种类,大家产生了分歧。有的认为是“实质性证据”,有的支持“程序性证据”说法,也有将其视为“弹劾性证据”。以上学说既有合理性,同时也缺乏对录音录像的深层次认识。

(一)实质性证据说

所谓实质性证据,即能够证明刑事案件事实的证据材料,直接或间接证明犯罪嫌疑人所实施的犯罪事实。认为讯问录音录像资料是实质性证据的学者给出了如下理由:一是讯问录音录像作为技术手段,是固定嫌疑人供述与辩解的一种载体,是犯罪嫌疑人供述与辩解的“马甲”;二是录音录像不仅记录了犯罪嫌疑人的语言内容,同时也记录了嫌疑人在复述案件事实时表现出的“微语言”、供述人的动作、表情以及讯问现场,这是讯问笔录不能反映的。同样,作为记录犯罪嫌疑人供述的载体,讯问笔录可以作为证明案件事实的证据,提供给律师查阅,随案卷移送人民法院,接受法庭质证,但录音录像却没有被作为证据使用。有的学者甚至提出要发挥讯问录音录像的口供功能。口供是犯罪嫌疑人的供述与辩解。所谓的口供功能就是讯问录音录像作为犯罪嫌疑人供述与辩解所发挥的功能。该学者将其具体分为查明案件事实和证明案件事实的功能,这些都属于实质性证据应有的功能。

从逻辑上推理,上述理论是成立的。可是法律不是来源于逻辑,而是来源于经验,来源于实践。反过来,法律必须符合现实,符合经验才能为司法工作人员提供依据。笔者认为,实质性证据说有其合理的一面,但该学说没有全面考虑录音录像所记录的内容,除了有关的案件事实供述与辩解,同时犯罪嫌疑人的陈述中有可能还包含未侦查终结案件的线索,以及侦查谋略,这些不是证明案件实体所需的材料,并且也不能作为公开材料提供查阅复制。而按照2012年《刑事诉讼法》的规定,自移送审查起诉之日起,辩护律师就可以查阅并复制案卷材料及证据。这里的证据指的是证明案件事实的实体性证据,如果不加区分和限制地将录音录像作为实体性证据,必然引起下列问题:首先,侦查秘密的泄露。犯罪嫌疑人在陈述本案犯罪事实时,因为犯罪具有牵连性,经常会涉及其他人的犯罪行为,或者其本人与本案无关的其他犯罪行为。例如,在审理行贿罪时往往会涉及受贿罪。而这些犯罪如果还没有立案侦查或是侦查尚未终结,那么,犯罪嫌疑人有关他人犯罪或其他案件的陈述就会成为侦查线索,在侦查终结前,都应当被作为侦查秘密,侦查秘密具有不公开性。但是,按照实体性证据说,录音录像自移送审查起诉之日起便可查阅复制,必然会导致侦查线索的泄露。其次,侦查谋略的曝光。侦查人员在面对狡猾的犯罪嫌疑人时,都会有相应的侦查技巧,[①]如果录音录像被复制后不当地传播,必然会曝光这些侦查谋略,无疑增强潜在犯罪分子的反侦察能力,为日后的侦查工作增加难度。最后,存在不当利用录音录像的可能。查阅复制是辩护律师阅卷权的重要内容,如果不加以限制地将录音录像作为实体性证据,提供律师随意复制,难以避免律师不当利用该材料。上述这些问题的存在必然阻碍录音录像作为实体性证据接受公开查阅和质证。

(二)程序性证据说

根据证据材料证明内容的不同,可将证据分为实质性证据和程序性证据,上述已解释实质性证据的含义,对应的程序性证据就是证明刑事办案程序合法性的证据,因为,调查案件的程序是获取证据的途径,程序的不合法也会导致证据真实性、客观性的缺失,所以,证明程序的合法也成为案件的重要内容。在建立录音录像制度之前,法院往往采纳侦查工作人员的说明来证明侦查程序的合法性,这样的做法有失公正性。现在有录音录像记录整个讯问过程,可以有效地证明侦查程序是否合法。原最高人民检察院王振川副检察长在一次会议中提到:同步录音录像具有固定侦查人员讯问工作,可以作为证明侦查程序合法的有利证据,以及防止犯罪嫌疑人

① 这里侦查技巧不包括刑事诉讼法禁止的刑讯逼供等手段,也不包括威胁利诱等影响犯罪嫌疑人自愿供述的技巧。

提出的侦查人员对其实施刑讯逼供等不实指控的有力武器。有学者据此认为，录音录像具有程序意义，在证明侦查程序合法性时，将其视为程序性证据。

录音录像作为一种证明讯问程序合法性的证据，的确比侦查人员的说明要有说服力，具有"讯问之窗"的美誉。既然录音录像记录了整个讯问的过程，就好比监控器记录了整个犯罪过程，当证明对象是讯问过程的合法性时，录音录像就是一种视听资料，利用其音像内容证明讯问是否合法，可以作为一种程序性证据使用。但是该种学说仅将录音录像视为一种视听资料，没有考虑到录音录像的具体形式也可以用来证明侦查人员讯问过程的合法性。例如，录音录像是否按照法律要求做到与讯问"同步"，且是否不间断地"全程"录制讯问的过程，是否存在删减情况，是否封存完整，这些虽然只是录音录像的具体形式，但也能够成为"程序性证据"。而且，作为程序性证据的录音录像相比较讯问笔录，其更能全面、客观地再现讯问的全部过程。

(三)弹劾性证据说

弹劾性证据是指质疑其他证据的可靠性的证据。在证据法上，弹劾性证据只能用于质证，动摇其他证据的证明力，不能作为定案的实质性证据。根据原最高人民检察院副检察长王振川的介绍，讯问录音录像有利于及时固定证据，防止犯罪嫌疑人翻供。有学者从此处推断出讯问录音录像资料可以作为弹劾证据，在庭审中驳回被告人的翻供。实践中的做法也印证了这位学者的学说。例如，从2006年3月至2007年11月，全国各级人民检察院在法庭出示录音录像4808次，绝大部分是因为犯罪嫌疑人在庭上翻供，法官根据录音录像的内容都依法认定翻供不成立。另外，据南京市检察院纪检组长介绍，自2006年1月南京检察机关实施全程录音录像以来，职务犯罪侦查法官案件翻供率由原来15%左右下降现在的不足5%。在运作过程中，检察机关似乎把讯问录音录像当作否决嫌疑人、被告人翻供的万能钥匙，加之录音录像具有生动的画面，再现效果非常逼真，容易使法官相信审前供述。笔者认为，这也是检察机关接受录音录像制度的一个重要原因。

弹劾证据源于当事人主义的诉讼模式，在交叉询问中，当证人的证言与先前的证言有实质性不同时，控辩双方就可以用庭前的陈述弹劾庭审中的证言。虽然我国《刑事诉讼法》中并没有规定弹劾性证据，但实践中确实存在许多利用审前讯问笔录“弹劾”被告人在法庭上的翻供。作为记载言词证据的录音录像同样可以成为“弹劾性证据”动摇“翻供”的可靠性。但是，录音录像相比言词笔录，具有生动形象、色彩鲜明的特点，虽然这些是录音录像的优点，但作为“弹劾性证据使用时”，这些“优点”存在风险。心理学表明，动态的刺激更容易说服观看者，使之信以为真。录音录像不仅记录了嫌疑人陈述的内容，还记录了一些嫌疑人和讯问人员的“微语言”，裁判者受到动态画面的刺激，很容易在内心形成有罪确信。但是，录音录像记载的口供和庭审中的翻供同属于被告人的陈述，都属于言词证据，具有主观性。所以，先前供述的录音录像并不一定就能否定庭审供述的真实性，言词证据的证明力还应当结合案件其他证据，只有达到相互印证才能具有证明力。因此，控方可以将录音录像作为“弹劾性证据”使用，但法官必须保持理性，不能过于武断地认为录音录像就能否定翻供的证明力。

三、明确录音录像法律属性以及制定相关的配套措施

（一）明确录音录像的法律属性

上文介绍了不同人对于录音录像法律属性不同的见解，归纳起

来,主要以检察机关为代表,认为录音录像不具有证据属性,只是工作资料;学界基本上认同录音录像的证据属性,只是法定证据种类发生了争议。证据,是指证明案件事实或者与法律有关之事实存在与否的根据。无论这个"根据"是真是假,它都是证据,无论这个"根据"是否被法庭采纳,它都是证据。所以,只要证明材料具有证据的三性:关联性、客观性、合法性,就应当视为证据,不会因为人的主观因素发生性质改变。首先,录音录像作为记录嫌疑人口供的载体,其口供内容可以直接证明犯罪嫌疑人有没有实施犯罪事实,怎样实施犯罪事实。同时,录音录像记载了侦查人员讯问的全部过程,一旦辩方提出刑诉逼供的指控,就可以利用录音录像的音像信息证明是否存在刑讯逼供。因此,录音录像与本案事实、刑讯逼供的指控都存在关联性。其次,讯问录音录像一旦形成就客观存在,为人们所感知,其内容也是对客观事物的反映,所以录音录像具有客观性。最后,录音录像是侦查主体依照法律规定获得的资料,具有合法性。综上所述,录音录像本身具有证据的属性,不能因为检察机关的主观目的成为己方占有的工作资料。

确定了录音录像的证据属性,接着就要分析录音录像的证据种类。上述学者之所以对此存在分歧,是因为他们从不同的角度定位录音录像的证据分类。但是,录音录像作为言词证据的一种载体,其内容可以作为证明案件事实的"实质性证据",其具体表现形式可以作为证明讯问过程是否合法的"程序性证据",从其功能上看,还能作为"弹劾性证据"。所以,不能只着眼于录音录像的一个方面,或否定其他证据属性。至于录音录像在具体案件中作何种证据呈现法庭,则要根据录音录像将要证明的对象来确定。例如,一封信,如果控方利用信的笔迹来确定嫌疑人,那么,这封信就是物证;

如果是利用信的内容证明案件事实与嫌疑人有关，这封信就是书证。换句话说，录音录像就好比这封信，只有确定了需要证明的对象才能准确定位录音录像的法定证据种类。

首先，当利用录音录像所记载的嫌疑人供述证明案件事实时，录音录像应当是八种法定证据之一的嫌疑人、被告人供述与辩解的载体，是一种实质性证据。但考虑到录音录像作为实质性证据会引发不必要的问题，笔者认为，应当对辩护律师的阅卷权有所限制，可以提供律师在办案场所查阅，但不能随意复制。不论是讯问笔录还是录音录像资料，在这时都是嫌疑人供述与辩解的载体，但考虑到我国目前依然以笔录作为口供的主要载体，[①]笔者并不同意让录音录像取代笔录成为口供的唯一载体，而是可以将二者共存，同时随案移送，提供律师查阅。但是，庭审质证的时候，为了节省时间，应当以展示笔录为主，有条件地展示录音录像。[②] 这里有人可能会问：录音录像与讯问笔录内容不一致时，应当以哪一个为准。笔者认为，如无反证，应当采用录音录像作为口供的载体，因为，录音录像记录的内容不具有人为改变的特性，不像笔录可能是侦查人员的选择性记录；更重要的是，录音录像要求全程性，记录了嫌疑人有罪、无罪、罪重、罪轻的内容，具有全面性，但笔录往往只记录嫌疑人有罪和罪重的内容。

其次，当证明对象是讯问过程的合法性或是检验是否存在刑讯逼供时，录音录像作为“程序性证据”。一方面，可以通过播放录音

① 讯问笔录作为载体主要因为目前刑事诉讼法规定所有案件都需要使用笔录记录口供，但是，使用录音录像记录口供适用于严重犯罪案件，并不适用全部案件，不具有普遍适用性。

② “有条件展示录音录像”主要是指控辩双方任何一方有异议时，提请法官决定播放录音录像，接受质证。

录像,查看讯问过程中是否存在刑讯逼供、威胁、引诱等严重影响嫌疑人自愿性供述的行为,类似于视听资料。另一方面,录音录像资料是否“同步”、“全程”、是否存在删减、是否封存完好以及封存上是否有办案人员和嫌疑人的签字、是否做到审录分离,这些都会影响言词证据的证明力。按照“瑕疵证据排除规则”,侦查机关不能对这些瑕疵做出合理解释时又影响案件公正处理,就应当排除言词证据。

最后,如果检察机关利用录音录像“弹劾”被告人在庭审中做出的翻供。从证据功能的角度分析,录音录像就是一种“弹劾性证据”,虽然不能直接否定“翻供”的可靠性,但仍然是作为一种证据来使用。检察机关不能当对自己有用时,就将录音录像作为证据使用;对自己没用或不利时,就否认其证据属性。

综上所述,笔者认为,录音录像不论是作为“实质性证据”“程序性证据”,还是“弹劾性证据”,都是作为证据使用,不属于侦查机关的工作资料。只要属于证据,不管属于哪一种法定证据,都属于案卷材料中的证据,应移送检察院、法院,接受审查。同时为了公平审判,也应当提供律师查阅。但是,相比同样具有以上三种证据属性的言辞笔录证据,录音录像可能包含侦察技巧和侦查线索,不宜公开。笔者认为,这并不能否定录音录像的证据属性和程序价值,但公开录音录像所带来的问题,我们也应当重视。我们可以将录音录像材料区别于其他证据材料对待,制定相关的配套措施,确保录音录像证据功能的发挥。

(二)制定相关配套措施

1.将录音录像放入侦查外卷中

实务中,侦查案卷分为侦查卷宗(侦查正卷)、侦查工作卷宗

(副卷)、秘密侦查卷宗(绝密卷),刑事诉讼法规定的案件材料装于侦查卷宗中,即正卷。即不是侦查人员不会接触到侦查副卷和绝密卷。有学者按照侦查卷宗的功能将其分为侦查外卷和侦查内卷。侦查外卷主要包含侦查正卷,即装有诉讼文书和证据材料的卷宗;侦查内卷主要包含侦查副卷和绝密卷。[①] 上文已经说明录音录像不属于工作资料,其有证据的属性,是诉讼证据,所以应当装于侦查外卷。虽然只是卷宗的改变,但背后体现的是对录音录像证据属性的认同,并且,自然而然推出下面的配套措施。

2. 录音录像随案移送

根据现行刑事诉讼法的规定,录音录像有强制和非强制之分,并不是所有案件都存在录音录像,讯问笔录还有存在的必要性。但不能因为有了笔录,只移送笔录不移送录音录像。录音录像和笔录都是嫌疑人口供的载体,依照《刑事诉讼法》,应当随案移送,接受审查,审判时接受法庭质证。但是,一方面,考虑到录音录像有可能包含其他案件的侦查线索以及侦查技巧,可以视情况不公开质证;另一方面,考虑到播放录音录像时间远远长于正常庭审时间,可以以讯问笔录接受质证为主,有条件使用录音录像接受质证,即控辩双方有一方提出异议,有权提请法官播放录音录像,法官应当允许播放有异议的片段。

3. 录音录像提供律师查阅

2012 年修改的《刑事诉讼法》第 38 条明确规定了辩护律师自审查起诉时起可以查阅、复制、摘抄案卷材料。案卷材料包括所有

① 该学者之所以这样分类,主要因为从整体上看侦查正卷对外公开,在移送审查起诉,侦查正卷被移送给公诉机关作为审查起诉使用,辩方可以查阅复制,也可以用于法庭,所以,属于侦查外卷;而副卷和绝密卷由侦查机关保存,侦查机关没有公开的义务,外界无法知晓,所以,属于侦查内卷。

与案件有关的证据。录音录像不论作为固定口供的载体还是作为证明程序合法性的视听资料都与案件有关,属于诉讼证据。那么,律师就应当享有录音录像的查阅权。但录音录像不同于讯问笔录,其动态的画面和清晰的声音包括了大量侦查技巧和侦查秘密,为了防止侦查技巧和侦查秘密的泄露,可以在检察院单独设立录音录像的查阅室,让律师无阻碍行使阅卷权,但录音录像的复制权必须经过检察长的批准。

实践中,检察机关之所以不愿意让律师不经批准查阅录音录像,主要是担心增加诉讼成本,延长办案时间。例如,庭审播放时间会延长。笔者认为,这只是检察机关没有实践支撑的猜想,其实让律师审查起诉起有权查阅录音录像反而会节约时间、提高司法的公信度。首先,如果律师审前查阅录音录像,没有发现有刑讯逼供等非法讯问的手段,那么,就会大大减少非法证据排除程序,节约诉讼时间,提高诉讼效率。其次,查阅过录音录像的辩护律师就能充分准备辩护策略,不会随意让被告人翻供,被告人自愿在庭审中不翻供,就不要控方再播放录音录像证明翻供不成立,这也大大减少了诉讼时间。最后,允许律师查阅录音录像,使传统的"密室讯问"变成公开讯问,讯问程序多了外部监督,公众更加相信司法。澳大利亚的警察一开始也排斥使用录音录像,可是经过维多利亚的录音录像实验,他们发现,警察可以通过闭路电视观察嫌疑人,寻找案件侦破的突破口。同时,用于非法证据排除的时间减少了,节约庭审时间。法官会更加相信警察,因为他们能看见讯问的过程。公众也更加相信司法。在美国,录音录像同样受到了警察的欢迎,所谓一张图片胜过一千句语言,在美国,律师有权要求控方开示讯问录音录像,这样做一方面,减少了非法证据排除的时间和因为非法证据排除需要传唤的证人，节约诉讼时间、减少诉讼成本；另一方面，律师审前查阅录音录像，增加了被告人的有罪答辩，辩诉交易量增加，也节约了辩诉的成本。借鉴上述域外国家的经验，我国的检察机关不妨大胆尝试，验证录音录像作为证据的功能。

四、结论

录音录像制度的建立与完善不能仅关注操作技术，也要从制度本身以及相关的保障措施着手。录音录像资料不同的法律定性带来的法律效果不同，所遵循的程序自然不同。只有将录音录像资料定性为证据，才能真正实现固定证据，保证自白的任意性，防止翻供和刑讯逼供的诬告。明确录音录像的独立的证据属性是刑事诉讼法改革的必然结果，但是，在面对现行中国刑事诉讼中存在的侦查技巧和侦查秘密，我们不可能做到将原始录音录像毫无保留地提供给辩护律师并在法庭上接受公开质证。现阶段必须在录音录像作为证据和侦查秘密之间找到一种缓冲手段，起到过渡地作用。

庭审实质化改革背景下的证言笔录使用问题研究

夏　晗*

十八届四中全会以后，“庭审实质化改革”作为法院系统进行“审判中心主义诉讼制度改革”的主要着力点，在全国各地改革试点中进行得如火如荼。成都地区作为改革试点之一，其改革数据显示，试验庭证人出庭率达到60%之多，且在实行庭审实质化改革期间，推行了“轻刑快速”处理机制，将被告人认罪、对事实无争议的案件过滤掉，这表明在未来庭审实质化的趋势中，证言笔录仍有其存在的空间和必要，一方面，适用于被告人认罪的简易程序或速裁程序；另一方面，适用于证人应当出庭但由于客观原因不能出庭的案件。因此，在这个背景下讨论证言笔录的适用问题仍有必要和意义。2012年《刑事诉讼法》第190条规定，“对未出庭的证人的证言

* 西南政法大学法学院2014级硕士研究生。

项目简介：本创新项目校级立项编号为XZYJS2014108，院级立项编号为FXY2014067。

笔录应当当庭宣读”，这为证言笔录在庭审中的使用提供了法律依据。然而，在当前司法实践中，对证言笔录的使用既无证据能力的审查程序，也无相应的举证、质证、认证规则，使本身无证人参与的庭审形式化雪上加霜。面对庭审“走过场”的司法实践，很多学者的基本思路仍然是寄希望于增强诉讼的对抗性，[①]却没有看到我国不同于当事人主义国家的一些现状。对此，笔者认为，要解决庭审实质化的问题，首先，要合理界定庭审实质化的范围，明确直接言词和证据裁判两大原则的要求；其次，针对控辩双方有争议的证言笔录，必须有一套严格的举证、质证、认证的程序可供操作，对于符合强制证人出庭作证条件的，限制法官的裁量权，证人应当出庭。

一、庭审实质化的范围及对证据的要求

2015年2月最高人民法院根据党的十八届四中全会的精神，发布了《最高人民法院关于全面深化人民法院改革的意见——人民法院第四个五年改革纲要（2014～2018）》，提出建立以审判为中心的诉讼制度，法院系统内部将这项制度改革的落脚点放在实现庭审的实质化。庭审实质化的实现，首先，要求对庭审实质化的范围进行合理的界定；其次，庭审过程中要求必须贯彻落实直接言词和证据裁判两大基本原则。

（一）庭审实质化的范围

庭审实质化并非适用于所有案件，其适用范围只应占很小比

① 龙宗智教授在其《徘徊于传统与现代之间——中国刑事诉讼法再修改研究》一文中谈到未来庭审改革中要推进当事人主义、增强控辩双方的对抗性改革。刘计划先生在其《中国控辩式庭审方式研究》一文中提出了同样的改革思路。

例,有学者认为不应超过10%。[①] 域外国家之所以能够让庭审发挥诉讼对抗或查明事实真相的作用,是因为他们存在很多程序分流的渠道,可以将更多的司法资源投入有争议的疑难复杂案件。例如,大陆法系国家的简易程序和速决程序,美国90%的案件通过辩诉交易解决。笔者通过全国裁判文书网对某市某区法院适用简易程序的案件进行统计发现,简易程序的案件占90%以上。这表明90%的认罪案件只需通过简易程序或者正在试点的速裁程序处理,法庭调查和辩论可以简化甚至可以直接进入量刑阶段。这决定了庭审实质化只能是"有限"的,也只有"有限"的庭审实质化才能确保不认罪、疑难复杂的案件在审理程序上严格适用普通程序,确保将有限的司法资源投入到必要的庭审过程中去。

(二)庭审实质化对证据的要求

1. 直接言词原则

要实现庭审实质化,直接言词原则是必不可少的制度构成要素。该原则可以拆分为直接审理和言词审理两个原则,德国学者罗科信指出,直接审理主义有两层含义:一是做出判决的法院应当自己审理案件(形式的直接审理),"原则上不得将证据之调查工作委由别人来完成";二是法院应当调查原始的事实,"不得假借证据的代用品替代之"(实质的直接审理)。言词审理原则,是指只有经言词所陈述及提及之诉讼资料才能作为裁判依据。前者要求法官亲自审理案件、亲自接触当事人和其他诉讼参与人,亲自接触证据,采纳证据;后者要求整个庭审过程中要以口头方式进行,口头进行事

---

① 参见蜀地渔人:《"2015刑事庭审实质化改革试点研讨会"全程会议纪要》,载360doc个人图书馆网:http://www.360doc.cn/article/22741532_505920907.html,最后访问日期:2016年7月28日。

实证据调查,口头进行定罪量刑辩论。具体到证人证言,直接审理原则要求法官亲自接触证人,即证人应当到庭接受询问。言词审理原则要求,证人法庭审理过程中控辩双方进行口头的举证、质证,证人以口头形式作证,以保证最终的裁判结果是依据法庭言词审理过程中经过举证、质证的证据,而不是任何庭审以外的言辞和书面材料。可见,直接言词原则本质上排斥证言笔录在庭审过程中的使用。

2. 证据裁判原则

证据裁判原则意为“认定犯罪事实,必须以证据为依据”。有学者认为,现代法治意义上的证据裁判原则有以下几个方面的要求:第一,作为认定犯罪事实和作出裁判依据的证据必须具有客观性、关联性和可采性;第二,作为定案依据的证据必须按法定程序进行审查判断;第三,作为裁判依据的所有证据经过综合审查判断必须达到法定的证明标准。笔者赞同以上观点,并对前两条进行修正和阐释。

首先,证据裁判原则要求据以定罪的证据必须具有客观性、关联性和合法性。大陆法系强调证据的证据能力和证明力,英美法系强调证据的相关性和可采性。在我国,立法特别强调证据的合法性,并在2012《刑事诉讼法》规定了“非法证据排除规则”,其精神内核与大陆法系所谓的证据能力,以及英美法系证据的可采性规则是一致的。要全面贯彻证据裁判原则,必须“激活”非法证据排除规则,其启动、审查、证明责任、证明标准等内容应当进一步明确化、实质化,以发挥其非法证据排除的功能,进而作为限制侦查权、保障人权的一项独立程序而存在。

其次,证据裁判原则要求据以定罪的证据必须经过法庭合法调查。经过法庭的合法调查要求证据的采信与否必须经过法庭调查，即法庭上的质证、证据辩论、认证。对于质证，这里有两个问题需要我们进一步明确：其一，质证的背后是被告人当面对质权的表现，是被告人诉讼主体性的体现。其二，克服质证的形式化，要求强化被告方的质证能力，重视证据辩论。一方面，不仅让被告人能质证，还要让其辩护人能质证；另一方面，通过辩论使有关"证据能力""证明力"的问题越辩越明。对于认证，在证据法相关内容中其核心问题是证据的认定，认证的方式主要包括庭前认证、庭审认证、裁判认证几种方式。其中，庭审认证以其公开透明度高、及时性强、更有利于保证程序的公正等优点，备受理论界青睐。

二、庭审实质化改革背景下证言笔录使用的问题

在当前"有限的庭审实质化"改革背景下，证言笔录的使用有其相对合理性。证言笔录仍在两类案件中发挥重要作用：一是被告人认罪，控辩双方没有争议的简易程序案件；二是证人证言对案件起关键性作用，控辩双方对证人证言有异议、需要证人出庭但证人由于客观原因无法出庭的普通程序案件。然而，当前证言笔录在以上两个范围内的使用却面临着如下困境。

（一）证言笔录举证的形式化

对证言笔录法定的举证方式是控辩双方宣读证言笔录，但《刑事诉讼法》对宣读方式未作规定。实践中，对证言笔录的宣读呈现摘要式、概要式等随意性现象，且控辩双方在举证的质和量上的悬殊，直接影响庭审中控辩双方平等对抗、法官居中裁判的庭审结构。

1. 证言笔录出示的任意性

证言笔录质证方式决定了质证方所质之证必然受举证方所宣读证言笔录的影响，即举证方举什么证，质证方就质什么证。在实

践中，公诉方一般采取以下证言宣读方式：一是仅宣读证据目录（如以上事实由证人×××的证言证实）；二是对于证人的多份询问笔录选择有利于公诉的部分进行宣读，对于翻证或者其他不利公诉的询问笔录则选择不予当庭宣读；三是对于同一份询问笔录，采取摘要式宣读方式，即选择其中有利于指控的段落向法庭宣读；四是对于若干证人提供的大体相似的证言笔录采取概括式的宣读方式，不再直接宣读询问笔录的原始内容。这在左卫民教授课题组调研的试点案件中可以得到印证，在某案件中出示的26份书面证言中，其中，有1份是全部宣读，12份是部分宣读，13份则是概括证明要点。以上宣读方式脱离了书面证言（二手证据），可谓三手证据（甚至有可能是经过公诉人加工的掺杂个人推论的意见证据）。这种方式对受教育程度、理解能力有限的被告人而言，要提质证意见几乎是不可能的，也使法官当庭难以判断控方所举证据的真伪，最终依赖于对移送案卷的反复斟酌，以找出证据之间存在的破绽。这种把“靶子”择得干干净净的宣读方式，必然会使质证结果大打折扣。

2. 证言笔录举证的单方性

为了更加全面地了解证言笔录的举证过程，笔者对某基层法院的50宗案件进行了整理（见表1），其中，45宗有证言笔录且为控方提出，无论是被告人还是辩护人提出的证言笔录证据材料为0件，仅有一例赌博案中，被告人提出自己收受的六合彩投注单并没有公诉机关指控的那么多，并当庭提出×××等证人可以证明其开始收受另一被告人六合彩投注单日期，但被告人并没有提出×××等证人的证言笔录，法庭上也没有传唤×××等证人出庭作证。控方和辩方提出证言笔录作为证据使用的比率是45:0，如此悬殊的比例可以看出，对于证言笔录举证的数量上，控辩双方的天平已经极大地倾向于公诉方,辩方几乎陷于无证可举的境地。进而言之,在45宗控方提出证言笔录作为指控证据的案件中,其中10宗辩方针对证言笔录提出异议,但没有提出任何其他证据予以反驳,只是就指控机关的证据漏洞提出证言不可采纳的意见,辩方举证的被动性、无力感可见一斑。

表1

55宗案件	控方所举证言笔录	辩方所举证言笔录	辩方提出异议
	45宗	0宗	10宗(无一证人出庭)

(二)证言笔录质证的形式化

法庭质证是庭审活动的灵魂所在,是庭审实质化的集中体现,我国法律规定对证人证言的质证模糊了"证言笔录"和"证人"的概念,使整个质证程序设置本质上无价值,且在整个质证过程中,难以达到对证言笔录的实质化质证,更遑论要求证人出庭接受对质。

1. 证人证言质证程序无价值

证人证言质证程序的无价值,首先表现在质证对象的无价值。质证本质上是对提供证据的人即原始证据进行询问,国际刑事司法准则中明确规定被告人有权询问证人,将法庭质证作为公正审判的保障之一。事实上,质证程序的设置,不仅意在查明控辩双方证据的客观性、关联性、合法性,更着重于保障被告人针对不利于自己的指控而拥有的当面对质权。由于这项权利目前在我国并没有确立,庭审中对证人证言质证的对象包含了"证言笔录"和"证人"。此外,退一步来讲,即使允许证言笔录作为质证对象,但在被告人对部分或者全部事实有异议的情况下,控诉方仅宣读证据目录(如以上事实有证人×××的证言予以证明)的笼统举证方式,显然是对被告人质询权的一种剥夺,尤其在没有辩护人的案件中更加凸显。其一,被告人并不知道其有异议的那部分事实都由什么证据证明。其二,控诉方提出的证人证言要证明的是什么事实,被告人亦有可能全然不知,这就当然导致被告人根本提不出质证意见,只能奢求法官在庭审以后对控诉方的证据进行审查、认定。据笔者统计分析,辩方很少对证言笔录提出异议,即使提出异议,也不能导致证人出庭作证的程序性后果。如表1所示,55宗案件中,共有10宗案件辩护人针对证言笔录提出异议,但最终法官都没有要求证人出庭。

2. 非法证言笔录排除程序的休眠化

为规范证言笔录的使用,我国2012《刑事诉讼法》规定"采用暴力、威胁等非法方法收集的证人证言"应当排除,然而,由于非法证据排除申请权并没有转化成一种程序性权利,不能对审判程序形成完全的制约,加之证明责任的分配和法官自由裁量权问题导致该规则长期处于"休眠状态",实践中,对证言笔录证据能力的调查严重缺位。一方面,辩护人对于证言笔录提出质疑的概率较小;另一方面,法官对证言笔录的证据能力一般不会主动审查。即使辩护人提出异议,法官也会要求辩方承担证明责任,若辩方陷入举证困境,就只好承担举证不能的后果,况且,法官基于其对证人出庭作证的裁量权不愿意轻易要求证人出庭,一旦控方补充证明材料,便认为存疑的证言笔录获得了证明能力。显然,我国的司法实践混淆了证据能力和证明力的概念。证人证言作为八种证据种类中数量可观的一种,在实践中却很少对其进行取证合法性的审查,甚至在辩护人提出异议时亦不能要求证人出庭作证。证据调查程序显然成为公诉人展示被告人有罪证据的主战场,辩护人仿佛为局外人,随之而来的不仅是辩方对非法证据无法启动排除程序的无力感,反过来又将促使控方以证言笔录形式展示证据,最终导致证据调查程序的形式化乃至整个庭审过程的形式化。

(三)证言笔录认证的形式化

由于我国采取了一种特殊的书面证言出示方式,即证人出庭作证的情况下,依然要对其庭前所做证言笔录进行出示,针对庭前笔录和庭上证言如何采信,事实上能够反映证人出庭有无价值。当前,我们普遍采取的相互印证模式和裁判认证模式一方面忽略了证言笔录个体的客观性、关联性和合法性;另一方面庭后认证成为加剧庭审形式化的最后一道关口。

1. 矛盾证言相互印证的采信规则

《刑事诉讼法》司法解释中对证人当庭做出的证言与庭前证言笔录不一致的,需要符合两个条件才能采信,能够做出合理解释并有相关证据印证。倘若不能做出合理解释,庭前证言如果有相关证据印证,可以采信庭前证据。首先,合理解释要达到什么程度没有具体标准,法官可以自行主观判断,如果法官认为解释不合理,那么,采信庭前书面证言的理由则会变得相当简单,《关于办理死刑案件审查判断证据若干问题的规定》和《关于办理刑事案件排除非法证据若干问题的规定》实施以来,证据相互印证规则开始适用于侦查人员对证据的审查判断,这就意味着,侦查机关在制作案卷笔录的过程中也遵循了证据相互印证的证明模式,审判作为证据审查判断的最后一道工序,很难突破原有的相互印证的证据体系。这种相互印证的采信证据方式,直接导致口头证言缺乏独立的价值,证人出庭与否对裁判结果的影响不大。其次,法官对于证人当庭所做证言的审查倾向于看其是否与庭前证言一致,若不一致,且不能做出合理解释(主观任意性严重),则采信庭前证言的概率较高。由于我国尚未建立“证人交叉询问”制度,这种“相互印证”的证据审查判断规则，事实上是建立在法官对侦查机关单方构建的有罪偏向证据体系的基础上的比较和权衡。缺乏一种完整的内部精细的运作机制和外部程序的制约与保障机制，这种审查判断方法在矛盾证言的取舍过程中容易导致错误的出现。

2. 证人证言认定的裁判认证模式

对于证据认定的时间和方式，我国《刑事诉讼法》和刑事诉讼法司法解释均未作规定，只在1999年《最高人民法院关于严格执行公开审判制度的若干规定》中明确要求："法庭能够当庭认证的，应当当庭认证"。然而，实践中，法官当庭认证的几乎都是没有异议的证据，因此，不具有实质性裁定的意义，对于有异议的证据，法官一般不会当庭认证，而是在庭审之后的判决书中再行认定。笔者通过对中国法院网图文直播中的庭审笔录和中国裁判文书网中的判决书进行调研发现，对于证言笔录的认证方式存在以下问题：其一，法庭调查结束后，一般不对已经举证质证过的证人证言给出采纳或者不予采纳的法庭意见，直接进入法庭辩论。这很有可能导致法官心证形成的过程不是依赖于法庭调查，而是庭后对案卷的研读和斟酌。法官当庭不认证，导致的最直接问题就是，由于法庭调查过程中存在的问题不能给出明确结论，法庭辩论过程中仍然会有相关问题重新出现，降低法庭审判的效率。其二，奉行裁判认证模式，但裁判说理严重不足。首先，大部分判决书模糊了证言笔录和证人证言的概念，例如，"以下是证明案件事实的经过法庭质证的证据……(1)证人×××的证言……"。仅从以上描述中无法判断证人出庭与否。其次，辩护人对证言笔录提出异议的，判决书中一般以"通过审查，该证言笔录与其他证据相互印证，对辩护人意见不予采纳"一笔带过。该证言笔录和其他证据是如何印证的？控方针对辩方异议有没有举证证明，证明是否合理？辩方意见如何不具有可采性？对等等问题一概不谈，未免难以服众。

三、证言笔录在庭审中使用的限度与规范

在实践中，无论是证人不出庭导致证言笔录在法庭上通行无阻，还是证人出庭后法官对当庭证言和证言笔录的采信规则，在学术界都广受诟病。要改变证据调查形式化、庭审形式化的现状，必须限制并规范证言笔录在庭审过程中的使用。

(一)立法应明确其对于证言笔录的立场

鉴于证言笔录制作于案发当时，证人的记忆比较清晰，可信度较高，有其存在的相对合理性，且限于我国目前的司法状况，证人出庭任重道远，法律应明确使用证言笔录和证人应当出庭的界限。

1. 明确使用证言笔录和证人出庭的界限

首先，针对2012《刑事诉讼法》第187条、第188条规定，基于我国存在证人不愿当庭指控他人，公民不愿涉讼的传统文化意识和土壤，以及不分情况地让任何证人都出庭作证，不仅增加讼累，降低审判效率，而且与我国现实状况不符。笔者认为，法律规定可以为证言笔录的使用留有余地，但不应含糊其辞。其次，针对《刑事诉讼法》第59条和第190条的规定，笔者认为：若推定第59条中的“证人证言”系“证人当庭提供的证言”而非“证言笔录”，且在法庭上经过公诉人、被害人和被告人、辩护人双方“质证”……此处的“质证”隐含的是“对证人交叉询问的方式”，那么，第191条规定：……对未到庭的证人的证言笔录……应当当庭宣读的规定显然与前条规定相抵触，对此，笔者认为，可以与第187条相呼应，确立被告人的当面对质权，规定最低限度的证人出庭作证的范围，即争议案件中、对被告人不利指控的证人证言、被告人或其辩护人提出申请的，证人

应当出庭。

2. 限制法院对于证人出庭作证的决定权

对于证人出庭作证，在确立传闻证据规则的英美法系，英国规定证人作证应当在法庭上；美国规定证人必须出庭作证，否则，可按藐视法庭罪论，并追究起诉；在奉行直接言词原则的大陆法系国家，法国要求证人作证必须出庭，德国规定对证人要当庭询问。我国规定，证人出庭作证有三个条件：一是公诉人、当事人或者辩护人、诉讼代理人对证人证言有异议；二是该证人证言对定罪量刑有重大影响；三是人民法院认为证人有必要出庭作证。可见，国外证人出庭是原则，而我国则成了例外，进一步分析可发现这三个条件是并列关系，且证人出庭作证的最终决定权牢牢把握于法官手中。然而，以法官的立场考虑，证人出庭会降低案件审理的效率、不利于法官对庭审程序的掌控、可能与法官先前形成的心证冲突、法官基于案件的事实真相、惮于司法责任追究机制，不敢相信与庭前证言笔录相矛盾的当庭证言。可以说，证人出庭作证对于法官而言徒劳无益，此时，法律将证人出庭作证的裁量权给予法官之手，无异于“为正在实施犯罪的人提供凶器”。笔者认为，立法应当对控方证人和辩方证人做出区分。在争议案件中，针对被告人不利指控的控方证人证言，被告人或其辩护人提出申请的，应当剥夺法官的自由裁量权，证人应当出庭，而对于不符合以上三个条件的，证人出庭与否，由法官裁量决定。

（二）实行有限的庭审实质化

1. 有区别地实行“焦点式”审理

在“案多人少”已成为法院审判工作主要矛盾的背景下，庭审实质化改革必须以庭审高效化为前提，实质化的庭审只能针对案件双方争议的焦点进行集中审理,而不能事无巨细,“眉毛胡子一把抓”。未来随着以审判为中心的诉讼制度改革的全面展开,尚需要结合宏观层面上的司法体制改革,构建案件繁简分流的综合行权机制。在实践中,被告人认罪的一审案件几乎达到90%(笔者通过随机抽取的方式进行过统计),且各地已经开始试点“焦点式”案件审理方式。笔者认为,要实现“有限”的庭审实质化,可以将这种“焦点式”的审理方式有区别地运用到简易程序和普通程序中去。首先,针对被告人认罪的多达90%的简易程序案件,涉及“认罪”的标准,理论界一般认为“认罪”是指对指控的主要(基本)犯罪事实进行承认。这里的犯罪事实应当包括定罪事实和量刑事实,所以简易程序中,应将“焦点”集中在量刑的辩论上,在进行法庭调查时可以使用证言笔录。其次,针对被告人不认罪、对事实有争议、法官认为事实不清、证据不足的普通程序案件,有必要发挥庭审“查明事实真相”的功能,实现庭审的实质化。对于辩方或控方有异议、法官认为需要进一步查明的犯罪事实,实现“焦点式”、有重点的审理。具体到证言笔录的使用,容后叙述。

2. 确立证言笔录使用的条件

我国刑事诉讼中,证言笔录的使用缺乏限制性规则,因而,形成一种十分典型和突出的“书证中心主义”。这种状况对诉讼的合理性和正当性造成十分消极的影响。在实践中,应当进一步明确证言笔录的使用条件,即只要证人符合不出庭的条件,原则上都可以使用证言笔录,这就意味着证言笔录的使用将面临两大问题:第一,在证人不出庭的情况下,证言笔录的使用规则问题;第二,在证人出庭的情况下,证言笔录和证人的当庭证言的调和问题。对于第一个问题,后文有系统阐述。对于第二个问题,《刑事诉讼法》规定,能与其他证据相互印证的应当采信，但如果证人出庭作证，庭前证言是否仍应当在庭上出示、接受质证、认证等内容未作规定。笔者认为，首先，如果确定证人出庭，那么，该证人在庭前所做的证言笔录就不应当在法庭出示，此时，应当保证证人的连续陈述权，即陈述的过程中不被打断、不被询问，使证人得以完整陈述自己所见所闻的事实经过的权利。其次，在证人接受质证的过程中，如果证人做出的证言与庭前不一致，公诉机关可以将该证人庭前所作证言笔录在法庭上出示，作为弹劾证据，对证人庭上证言提出质疑，要求证人做出解释。最后，在对证人证言的认证规则上，笔者主张，以法庭上查明的事实真相为依据，以庭审笔录作为定案的依据，而非公诉机关提供的卷宗作为认定事实的前提和基础。即法官认定案件事实不再采取当庭证言和庭前证言何者能与公诉机关移送的证据材料印证的方式，而是通过庭审查明或控辩双方对抗证明的方式形成内心确信。笔者不主张，在证人出庭的情况下绝对地排斥庭前笔录。因为，证人庭前陈述时记忆更清晰，受外界因素干扰少，事件发生后到出庭前由于经过的时间长，证人受外界影响多，庭上证言的可采性相应降低。

（三）举证、质证、认证的实质化

1. 有重点的一证一举、有必要的证人出庭

在实践中，大量存在批量举证、只宣读证据目录或者对证据进行概述等举证方法，为了提高庭审效率，上述举证方式往往无可厚非。但对被告人有异议的证言笔录、对被告人有异议的事实起到关键性证明作用的证言笔录、被告人不认罪案件中对被告人定罪量刑起关键性证明作用的证言笔录，要重点进行实质化的举证，即要一证一举，证言的出示应当遵循一定规则，对文化程度较高，能读懂证

言笔录的，要向被告人本人出示，给其必要的阅读时间；对于文化程度较低，对文字缺乏理解能力的被告人，要为其宣读。此时，若被告人对该证言笔录有异议，且该证人证言对案件定罪量刑有重大影响、人民法院认为有必要的，应当通知证人出庭作证。此处就证人是否出庭赋予了法院自由裁量权。笔者认为，首先应当确立被告人的质询权，并设置相应的被告人答辩程序。若其表示认罪且对事实无异议，可以不让证人出庭。但为了防止法官自由裁量权的盲目扩张和膨胀，对被告人或者其辩护人提出证人出庭作证的申请，在其符合一定条件的基础上，有必要赋予这种申请程序性价值，即直接导致证人必须出庭作证这一程序性结果的产生。这不仅是对被告人当面对质权的一种保障，同时使未能查清的事实通过当庭对质变得更加清晰。

2. 非法证言笔录审查与排除程序的激活

如果证据能力不具有独立的品格，那么，2012 年《刑事诉讼法》设置的非法证据排除规则也将名存实亡。笔者认为，要激活非法证言笔录的排除规则。首先，应当发挥庭前会议的功能，将证言笔录证据能力审查的独立程序设定在庭前会议中，鉴于庭前会议由合议庭成员主持，控辩双方参与，实质上已经具备了三方性。对于证言笔录证据能力的审查，在控辩双方进行证据展示的过程中，可以由控辩双方提出申请，法官也可以主动进行审查，控辩双方提出申请的，法官务必进行审查。当然，对于证言笔录的证据能力在庭前会议上，法官不必做出实体性判断，但控辩双方任意一方提出异议的，另一方要准备好对该证言笔录的合法性承担证明责任，必要时要求证人出庭作证。这样，不仅确定了双方关于证言笔录的争点，同时需要证人出庭作证的，可以为庭审中的证据调查做好准备。其次，在对证言笔录的质证阶段，应当设置能够当然引起非法证言笔录审查和排除的程序。例如，辩护人提出申请、被告人提出申请等情况，法官认为有必要的，可以要求侦查机关提供证据证明该证言笔录的获取并无使用暴力、威胁等非法方法。

3. 当庭认证规则的确立

要推进"以庭审为中心"，实现庭审实质化的审判方式改革，必然要求对法官认证规则做适当调整，以加强当庭认证，使法官心证的形成与事实的认定以"看得见的方式"呈现。首先，对于经过举证、质证的，双方不存在争议的证言笔录，合议庭应当当庭予以认证；其次，对于证言笔录的关联性、客观性有异议的，经过双方质证，合议庭应当当庭予以评判并进行认证；再次，对于证言笔录的合法性问题，尤其是辩方申请非法证据排除的，合议庭经过当庭调查，视辩方提供的线索，侦查机关提供的证据等当庭或者迟延做出认定；最后，针对证人出庭提供的当庭证言与庭前证言不一致时，且公诉机关提出证言笔录作为证人当庭证言的弹劾证据使用的，合议庭应当根据双方的质证情况，当庭做出认定。

“语言游戏”视角下的法庭口译探索

董明敏*

一、引言

随着全球化进程加快,我国与世界各国之间政治、经济、文化的交流日益频繁,涉外案件随之增多。涉外庭审涉及两种或两种以上的语言,需要法庭口译员参与,以实现说不同语言的庭审各方的顺利交流。然而,我国法庭口译现状并不乐观:首先,我国鲜有高校开设法庭口译专业,缺少专业人才培养源头;①其次,没有法庭口译考试制度和从业资格认证制度,法庭口译未能职业化;②最后,法庭口

* 西南政法大学2015级硕士研究生。

基金项目:本文受西南政法大学2015年度研究生科研创新计划校级重点项目的资助,项目名称:法律机构语境下口译活动的运作与规范——从语言游戏的视角,项目批准号:XZYJS2015044。

① 参见赵军峰,陈珊:《中西法庭口译研究回顾与展望》,载《中国科技翻译》(第21卷)2008年第3期。

② 参见郭晶英:《中外法庭通译制度比较研究》,载《法学杂志》2007年第5期。

译收入不高,缺少职业发展潜力。[①] 以上情况导致涉外庭审常常临时聘用非法律英语翻译专业的口译员"救场",使口译质量大打折扣。另外,笔者通过初步统计后发现,有学者对中外法庭口译制度进行对比评析,[②]有文章从口译员对庭审的本原、过程控制进行分析,[③]其中,不乏学者以翻译层面的模糊性和精确性为工具分析法庭口译实例,[④]但几乎没有人从维特根斯坦的"语言游戏说"这一视角对法庭口译进行研究。

维特根斯坦提出的"语言游戏说",可为翻译研究者提供全新的研究视角:翻译研究不再受传统翻译理论中被奉为圭臬的"信、达、雅"规范的限制,翻译的根本目的转而成为研究本质,从而极大地促进多维度的翻译研究。因此,本文将通过分析法庭口译的规律及属性,对法庭口译现象和口译改善策略进行探索,以促进法庭口译员与庭审参与各方的协调和配合,进而消除庭审语言中存在的交际障碍,最终为规范法庭口译提供有益的借鉴。

二、法庭口译概述

法庭口译,是指在庭审涉及两种或两种以上语言时,借助法庭口译员的参与,将一方当事人或诉讼代理人的语言翻译为另一方当事人或诉讼代理人所用语言的口译过程。庭审是法官、原告、被告、证人以及诉讼代理人利用法律法规就法律事实和法律法规进行的"博弈",一旦涉及说不同语言的参与方,就需借助法庭口译员的翻

① 参见王建、杨炳钧:《我国法庭口译面临的机遇与挑战》,载《四川外语学院学报》(第23卷)2007年第3期。

② 参见赵军峰、陈珊:《中西法庭口译研究回顾与展望》,载《中国科技翻译》(第21卷)2008年第3期。

③ 参见沈璐:《法庭口译员对庭审问语控制的影响》,载《广东外语外贸大学学报》2014年第1期。

④ 参见胡辰:《法庭口译的精确性与模糊性探讨》,载《法制博览》2012年第11期。

译,完成不同语言间的交流。因此,在涉外庭审环境中,法庭口译应成为保障当事人合法权益,实现公平公正的关键部分。

对此,世界各国都致力于用法律制度规范法庭口译,以此促进法庭口译的发展。例如,美国联邦法院于1978年制定了《法庭口译人员法》,美国加州制定了《加州法庭译员职业标准和守则》,美国马里兰州颁布了《译员指南》,澳大利亚也制定了《译员手册》。同时,我国《刑事诉讼法》第9条后半部分规定:"人民法院、人民检察院和公安机关对于不通晓当地通用的语言文字的诉讼参与人,应当为他们翻译。"[①]这就在法律上确保了庭审各参与方"在言语上的出庭",即要让庭审各方充分理解法庭上的会话,保证他们在语言上处于平等的交流地位。

法庭口译看似由法庭口译员一人完成,实际包含其他参与者的配合,对法庭上的每位参与者都会产生重大影响。对法庭口译员而言,要想出色地完成口译任务,自身的口译能力、法律素养,以及说话人的配合(例如,在没有完全听明白说话人的意思时,对说话人进行询问,与其做进一步交流),三者缺一不可。对说话人而言,若口译员误解、曲解其本意,将他的源语(source language)错译成另一种语言,法庭就无法听到他真实的"声音",最终导致其权益得不到保障。对听话人而言,只有通过口译员真实有效的翻译,才能获得说话人真实有效的信息,进而与说话人进行良性互动。可见,对于能否实现司法正义,法庭口译占据举足轻重的地位。

三、"语言游戏说"的意义内涵

维特根斯坦在《哲学研究》一书中提出"语言游戏"的概念,把

① 《刑事诉讼法》第9条。

"将一种语言翻译成另一种语言"[①]比作语言游戏,主张由语言和与语言相联系的行为所组成的整体就是语言游戏。维特根斯坦认为,语词的意义只有在语言游戏中加以实际运用才能得以体现,就像现实生活中的游戏只有在实际进行中才有意义(例如,篮球只有在篮球活动或篮球比赛中才有意义)。他强调回到语言在日常生活的使用语境中,研究语言的具体意义。例如,某人说出"my god!",是表示惊讶,惊慌,还是惊喜,需要根据这句话所处的具体语境来确定。只有确定了一种表达在其本身"语言游戏"中的意义后,译者才能将源语(source language)完整真实地翻译为目的语(target language),以此实现翻译这一"语言游戏"的意义。

具体而言,"语言游戏说"包含"意义即用法""生活形式""遵循规则"等几个方面的哲学思想。

(一)"语言游戏说"之"意义即用法"

维特根斯坦指出,词的意义取决于它在语言中的用法,即"意义即用法"。语境不同,词的用法不同,同一个词的意思和意义就随之迥异。例如,"action"一词在普通英语中的意思是"行动",但在法律英语中则表示"诉讼";"award"通常是给予某人的"奖励",但在法律语域中的意思是"法庭的裁定";"issue"具有"问题""颁发""发出"等意思,但当作为法律术语时,其还专指遗嘱中的"子嗣"。类似的实例不胜枚举。同样地,即便在同一语境中表达同样的意思,说话人也会基于不同的目的而选择不同的言语形式,以此传达不同的意义。例如,"statesman"和"politician"均可表示"从政者"的意思,但意义大相径庭。"statesman"常用于褒义,指"有远见、为国

① [奥]维特根斯坦:《哲学研究》,李步楼译,商务印书馆2004年版,第56页。

为民的正派政治家”,而“politician”则指“玩弄阴谋、钩心斗角、以谋取私利的政客”。

维特根斯坦之所以把语言运用比作游戏,正是因为语言在发生之时,相互交流的当事人,通过对语言的实际操控(包括选择词汇、调整语言结构、控制语气、语调、节奏),在表达意思的同时亦表达其意图,在传递信息的同时亦表明其立场、价值取向及社会地位,这无疑就像是在进行一场语言的“博弈”游戏。

(二)“语言游戏说”之“生活形式”

维特根斯坦认为,语言是生活形式的重要组成部分。此处的“生活形式”即为文化背景、人文习俗、社会制度等语言得以产生和发展的基础。[①] 生活形式是语言产生、使用、演变、发展的大背景,是语言的载体,而语言则是生活形式的产物,两者相互作用,相互影响,相辅相成。维特根斯坦在《论确实性》一书中也说道,生活形式是行为和思维的基础。[②] 所以,法庭口译员要想透彻理解两种语言,继而做好两种语言的翻译,首先得谙熟孕育这些语言的生活形式。

(三)“语言游戏说”之“遵循规则”

“遵循规则”是“语言游戏说”的另一内涵,这同样是受到现实生活中各类游戏的启发。无论是哪种类型的游戏(如球类或棋牌类游戏),还是哪个年龄段的人玩的游戏,无一不存在各种规则。要想玩好游戏,就得掌握规则,进而遵守规则。相比之下,语言的运用包含的游戏规则更加纷繁复杂:首先是最基础的语法规则,其次是让交际和谐进行的道德规则、合作原则(cooperative principle)、礼貌原

---

① 参见林继红:《维特根斯坦“语言游戏说”及其对翻译研究的启示》,载《福建教育学院学报》2013 年第 1 期。

② 参见[奥]路德维希·维特根斯坦:《论确实性》,张金言译,广西师范大学出版社 2002 年版,第 64 页。

则(politeness principle)等交际规则,最后是传达言外之意的会话含义(conversational implicature)等表达策略。语言的生成看似源于本能,其实受到一系列规则的约束,说话人如不遵循语言规则,即便拥有丰富的词汇,强大的语料库,也无法顺利参与到语言游戏之中。例如,被告人若违反语法规则,将“I did not get involved in that crime”说成“I crime get involved in did not that”,整个法庭将不知其所云,最终导致交流受阻,语言游戏无法进行。

四、“语言游戏说”指导下的法庭口译

从“语言游戏说”的“意义即用法”“生活形式”以及“遵循规则”三个层面解析法庭口译这种语言游戏,能够窥探出法庭口译更多的游戏规律和属性,并为法庭口译员提供更加丰富的理论指导。

(一)法庭口译之“意义即用法”

法庭是一个特殊的交际环境。在这个环境中,律师、被告、原告、证人等诉讼参与人的任何言词,包括一些看似多余冗长的话语,都有可能影响到法官对犯罪嫌疑人的定罪或量刑。因此,法庭口译员能否完整而准确地再现诉讼参与人的意思,确实不容忽视。此时,法庭口译员在翻译过程中,可根据具体情况对各类信息进行灵活处理。

1. 挑选“有意义”的信息

原告、被告、证人等诉讼参与人常常不明游戏规则,喜欢长篇阔论,但又欠缺逻辑,同时言词呈现口语化特征,如果法庭口译员按部就班地全部照翻,译入语(target language)只会跟着源语(source language)模糊不清,语无伦次。对此,口译员可在翻译时省略没有实际意义的,或重复使用过的词汇,直接翻译说话人所表达的核心内容。例如:

被告:Well, my classmate, she is... hum, let me see, she is Malaysian... hum, she's working as a seller...

口译员:他刚才说的是,他同学是马来西亚人,是做销售工作的。

在上诉实例中,被告的陈述语序混乱,相同信息重复出现,同时,还出现了没有实际意义的口语化表达"Well, my classmate, she is... hum, let me see... hum..."口译员在处理被告的陈述时,省译了其中的"well, hum"等模糊限制语,转而采用重述性的方式翻译被告的表述。

值得注意的是,"挑选信息再翻译"这一做法须满足以下前提,即译入语不得影响说话人想要传达的思想和情绪,不得扭曲听话人对源语信息的理解,并不得妨碍法官对言语内容真实性的判断。当法庭口译员不确定说话人的意思和意图时,可以发挥自主权,主动问询说话人,确定源语的真实信息之后,再挑选"有意义"的信息,做有效翻译。

2. 无意义言词的"意义"

一些口语表述本身并无多大意义,但一旦置于法律语境中,便被赋予了特殊而重要的意义。最显著的实例是律师或公诉人在与其他人对话时,常用"well; you see; I see"等标记语开启自己的发言,[1]而原告、被告或第三人在发言时,也会采用类似的标记语。这些标记语具有多种语用功效:(1)转移前说话者的话题,开启新的话题;(2)抢过对方的发言,争取发言机会,控制话语流;(3)表示犹

① 参见曹嫣:《〈法庭口译的话语:法律、证人和译员的话语实践〉述介》,载《英语研究》2013年第3期。

豫、停顿等。例如：

在一场酒驾肇事中，被告人坚称自己没有喝酒，之所以检测出酒精，是因为自己吃了过量的荔枝。（注：荔枝含糖量较高，在一定的存放条件下会发酵产生酒精）

公诉人：You did drink some alcohol before driving, didn't you?

口译员：你在开车前确实喝了一些酒，对吗？

被告人：我没有喝酒，我只是吃了许多荔枝。真的，我……

口译员：I didn't drink, I just ate a lot of litchis. Really, I...

（未等被告人陈述完，公诉人马上抢过话）

公诉人：*I see*, but the fact is that you did drink some alcohol, and the alcohol concentration in your blood is 195mg/100ml.

口译员：但事实是你确实喝了一些酒，并且，你血液中酒精浓度为195毫克/100毫升。

在被告人回答"我没有喝酒，我只是吃了许多荔枝。真的，我……"时，公诉人未等被告人陈述完，便马上抢过话说："I see, but the fact is that you did drink some alcohol, and the alcohol concentration in your blood is 195mg/100ml."公诉人用"I see"开启自己的发言，是想向被告人表示他非常能理解被告人的情况，从而博得被告人的信赖，使被告人误以为公诉人会顺着自己的陈述继续发言，进而主动放弃发言。但公诉人真正的目的是想抢过发言机会来反驳被告人的陈述,以将整个会话控制在被告人确实喝了酒的事实中。所以,口译员将"I see"作为没有意义的词、进而予以忽略并不译的处理方法,显然有失妥当,不妨改译为"我理解你的情况"。

法庭口译员在处理话语标记语时,常因自身无法体会话语标记语所传达的情感意义,或误以为这些话语标记语没有意义而予以忽略不译,或在目的语中生硬寻找字面意思相对应的言辞。这些做法都无法体现出话语标记语的言外之意。建议法庭口译员在翻译时应结合话语标记语出现的上下语境以及发话人的目的,以在其译文中体现话语标记语的本质意义。

3. 使"无意义"言词变成"有意义"的言辞

若说话人的表述有歧义,即听话人对说话人的表述可做两种或两种以上的理解,那么,即使原话语中包含再多的信息,对听话人而言,也是没有意义的。例如,在一桩商品购销争议案的庭审中,当事人说:"我方预定的衬衫有白色、黑色、红色和黄绿色。"口译员将该信息处理为"The shirts we ordered are white, black, red, *yellow-and-green*."听话人对"yellow-and-green"可以做两种解读:一是忽略破折号,理解为"yellow and green",即"黄色和绿色";二是明白有破折号,理解为"yellow-and-green",即"黄绿色"。为避免听话人产生歧义,将"yellow-and-green"理解成两种颜色,法庭口译员应说明"yellow","and",以及"green"之间有破折号,即指的是一种颜色而非两种颜色。法庭口译只能通过口语方式呈现,听者只能接收语音信息,无法看到文字和符号,是一种更为抽象的翻译。故法庭口译员须确定源语中的某些文字、符号或其他标记是否会对听话人的理解造成歧义,进而相应地采取翻译措施。

(二)法庭口译之“生活形式”

影响法庭口译的，不仅有庭审各方的言语，还包括这些言语得以产生的文化、习俗、社会制度、法律背景等“生活形式”。法庭口译员须考虑听话人与说话人不同的“生活形式”，进而按照听话人的“生活形式”对翻译进行适当变通，使说话人的源语在翻译成目的语后，尽可能被听话人充分理解，而不会因“生活形式”的不同产生交流障碍。诉讼各方在庭审言语交际中都有着独特的“生活形式”，因此，口译员的译文理应反映出这些“生活形式”。

1. 消除交流障碍

涉外庭审中的各方一般来自两种不同的语言和文化背景。由于文化、知识水平以及专业差距等因素，双方交流时常受阻。源语一经说出，便在源语的“生活形式”中产生说话者期望的作用。如果口译员只是将源语生搬硬套直译为目的语，由于目的语的“生活形式”与前者截然不同，就会导致译入语在新的“生活形式”中水土不服，无法产生源语在“源生活形式”中的效果。如此一来，译者非但没有真实地传递源语意思，反倒扭曲了本意。所以，源语的意思和意义必须在新的“生活形式”中以一种全新的、与该“生活形式”相适应的方式发挥作用。正如伽达默尔说，翻译者就是要把自己置于说话人言辞的意义中，这样才能把说话人的意思转换进译入语中。[①]

法官、律师的话语中，法律专业词汇居多，原告、被告不一定能完全理解。对此，法庭口译员可以选择将法官、律师晦涩的法律词汇转译成通俗易懂的普通词汇。例如，法官告诉原、被告，如果其认

---

① 参见[德]汉斯-格奥尔格·伽达默尔：《真理与方法 II》，洪汉鼎译，商务印书馆2010年版，第103页。

为法庭工作人员或口译员与本案有利害关系,可以申请该工作人员或口译员回避。口译员如果将“回避”翻译成法律专业用语“challenge sb.”,被告往往无法理解,故可采用“去法言法语”的诠释性翻译手段,将源语简单明了地译为“request the court to change someone who you think has a relation to this case”。[①]同样地,原告或被告通常与法官或律师具有不同的法律知识背景,加之他们的表述更多地呈现口语化特点,故在表述同一法律事实时,其所使用的言词与法官或律师所采用的言辞存在不一致的情况,从而造成话语交际双方在理解上产生障碍。法庭口译员应充分利用自身对两种语言、法律和文化的了解,使译入语尽量靠近目的语听者的“生活形式”,促进听者的理解,消除话语双方的交际障碍。

2. 体现不同个体的不同“生活形式”

庭审参与人(如原告、被告、证人、法官、律师、第三人等人)身份迥异,承担着不同的法律角色,且由于其具有不同的“法律生活形式”,在庭审中所扮演的语言角色也大相径庭。例如,原告、被告、证人的语言一般呈现出弱势话语风格;律师话语则为强势风格,多用“yes-no”问句向当事人提问,做陈述时语气肯定;法官掌控整个审判过程,话语也为强势风格,命令、祈使性语气居多。法庭口译员在翻译各庭审参与人的言词时,须在译入语中体现出各参与人因任务分工不同、身份差异而在语言中表达出的社会差异性。例如,在翻译法官命令型语言时,口译员若仅传达法官的意思,却忽略其命令语气,则译文可谓有形而无神。对于那些不通晓法官语言、只能靠口译员与法官进行交流的当事人而言,这种译文自然无法彰显法官

① 参见沈璐:《法庭口译员对庭审问语控制的影响》,载《广东外语外贸大学学报》2014年第1期。

的威严和庭审的庄重,相应地,法官处于审判主导地位的社会属性亦将大打折扣。

(三)法庭口译之"遵循规则"

英国哲学家大卫·修谟认为,法律是通过词语和句子制定和公布的,语言是表达法律的载体,法与法律制度其实就是一种语言形式。[①] 语言具有规则性,作为法律语言表达形式之一的法庭语言也具有明显的规则性。遵循法庭口译规则,是作为职业法庭口译员的基本条件。

1. 合理控制主体性意识

主体性意识包括法庭口译员对源语、目的语两种语言、两种法律制度和社会文化的评价,对各庭审参与人的评判,以及口译员自身立场、价值观等因素。口译过程中,法庭口译员通过支配自身主体的各种因素影响会话流的发展。例如:

> 法官:被告人是在什么时候被拘留的?
>
> 译 1:When were you detained?
>
> 译 2:When were the defendant detained?

法庭口译员清楚地知道法官的提问仅是针对被告人的而非庭审其他人,故处理为译 1;如果处理为译 2,在场的人将不知道法官是在问谁。[②]

由此可见,法庭口译员利用自身的主体性意识,积极调动专业

---

① 参见时丹、曾琍萍、肖凤:《法庭口译中模糊语言的翻译策略》,载《湖北经济学院学报》(人文社会科学版)2011 年第 1 期。

② 参见李克兴、张新红:《法律文本与法律翻译》,中国对外翻译出版公司 2006 年版,第 444 ~ 447 页。

知识(包括对两种语言、两种文化、两种法律体系的了解,对各发言人言外之意的判断),有效翻译法庭会话,推动庭审进行。

当然,法庭口译员的主体性意识也有相应的局限性。首先,口译员对说话人言语的不当理解,以及自身语言和文化功底不深厚等因素,都会影响口译的准确度,导致口译或生搬硬套,有形而无意,或过于灵活,有意而无形;其次,口译员受自身性格或价值取向的影响,可能会偏袒某一方,翻译源语时故意改变说话人的表达方式或语气语调,从而使一方受益,另一方受损。因此,面对庭审错综复杂的各个因素,法庭口译员既要合理发挥主体性意识,还得遵守法律语言游戏的规则。

2. 传递会话意图和情感

各方在庭审中的话语,既蕴含概念意义和内涵意义,亦表达了本人身份、情绪、意图等言外之意。法庭口译员应围绕语言本身,基于庭审语境下不同个体,完整地表达庭审各方话语的言内和言外之意,进而准确传达信息的意思和意义。

例如,法官的庭审用语大多正式严肃,法庭口译员对此应当采用正式的格式和言词进行翻译,以体现法官的权威性和庭审的正式性:

> “公诉机关广东省广州市人民检察院以穗检起二诉〔2001〕213号起诉书指控被告人×××犯生产、销售伪劣产品罪……
>
> 依照最高人民检察院《关于执行〈中华人民共和国刑事诉讼法〉若干问题的解释》第×××条的规定,本院认为……”

在翻译上述关于生产、销售伪劣产品罪的裁决书时，法庭口译员把“生产、销售伪劣产品罪”翻译成“the offence of producing and selling fake and shoddy products”。该处理方法措辞极不正式，与裁决书的正式风格不符，故不妨改译为“the offence of manufacturing and marketing fake and inferior commodities”，以显示原文本的正式性。再如，口译员把“最高人民检察院《关于执行〈中华人民共和国刑事诉讼法〉若干问题的解释》”翻译为“The Explanations of the Supreme People's Court for the Issues Arising from the Implementation of the Criminal Procedure Law of the People's Republic of China”略显随意，不妨采用固定译法翻译成“Supreme People's Court Interpretation on Several Issues Regarding Implementation of the Criminal Procedure Law of the People's Republic of China”。①

除了语言本身之外，说话人的口气、语气词、肢体语言、停顿、声调、说话方式也充分传达了自身的情感和意图，不容法庭口译员忽视。例如，在庭审中，说话人采用“您”称呼对方，表达对对方的尊敬，但英语中没有对应的词，此时，如果对方是女性，可译为“madam”，男性则译为“sir”，以传递源语尊敬的语气。

3. 法律专业化

法庭口译员的职业具有二重性：一是作为职业口译员，要具备基本的口译专业技能；二是作为庭审参与者，要具备相应的法律知识，配合法官、律师的发话。庭审中一个典型的实例是律师在向当事人提问时，常会采用预设手段将当事人的回答控制在某一范围内，从而实现对当事人后续问答的控制。例如，在一场家庭纠纷的

① 参见李克兴、张新红：《法律文本与法律翻译》，中国对外翻译出版公司2006年版，第439～441页。

审判中,妻子控告丈夫对其有家庭暴力,但丈夫坚决否认,于是律师发问被告:"When did you stop beating your wife?"(你是什么时候停止打你妻子的?)在被告坚决否认自己对妻子存在家庭暴力的情况下,律师仍然问他是什么时候停止殴打其妻子的,其实是想让被告掉入"陷阱"说出停止殴打其妻子的时间。如此一来,被告对他妻子存在家庭暴力的事实也就不言而喻了。法庭口译员应当具备法律专业技能,识别出律师类似的提问技巧,配合律师进行翻译,从而使当事人做出律师预期的回答。若误以为律师没有听懂被告已经否认自己存在家庭暴力的回答,然后指出律师的问题是没有必要的,则明显不妥。

五、改善我国法庭口译的建议

法庭口译在我国司法活动中扮演着日益重要的角色,但我国目前在法庭口译的理论和实践方面都需要进一步的规范和完善,为此,笔者提出以下建议。

(一)对法庭口译员进行专门培训

弗里希伯格(Frishberg)曾说过,语言只是掌握口译技能的一个基础,口译员还应加强分析能力、人际关系能力、表达能力等基本能力的训练。[①] 法律语言句式复杂,用词烦琐,信息量大,而庭审环境又要求法庭口译员立即做出反应,在同一时间完成理解源语,加工翻译,输出目的语的任务。如此艰巨的工作,法庭口译员必须具备良好的翻译能力和渊博的法律知识才能胜任,所以,需要对法庭口译员进行法庭口译专门培训,并且鼓励更多的高校开设法庭口译课程,发展法庭口译教育,培养法庭口译专才。

---

① Frishberg, N., *Interpreting: An Introduction. SilverSpring*, MD: Registry of Interpreters for the Deaf, 1986, p. 112.

（二）制定法庭口译考试制度，促进法庭口译职业化

正如上文所述，我国目前的涉外审判，是临时聘用非法律英语翻译专业的口译员，对其进行相关法律培训后，充当法庭口译员。此举最大的问题是，大多数口译员只是“临时抱佛脚”，他们在法庭上的口译质量得不到保证。早在 1980 年，美国就正式实施了联邦法庭口译人员资格考试（The Federal Court Interpreter Certification Examination，FCICE），通过统一考试挑选职业法庭口译员。我国也可以借鉴这一方式，制定与我国庭审相一致的法庭口译考试制度，提高法庭口译市场水平，促进法庭口译职业化。

（三）口译员提前做好准备

在我国，一般而言，原告、被告、证人、律师会在不同的阶段收集证据并且提交证据（如庭前交换证据、庭中进行质证或者提交新的证据），而不是在庭审的时候一次性提交证据，所以，法庭口译员在此期间，拥有充足的准备时间。建议法庭口译员充分利用这段时间，提前审阅能拿到的资料，争取能视译的就不选择即时口译，以减少庭审中的口译压力。

（四）规范口译员的职业行为

法庭口译员与其他口译员最大的区别在于，口译结果将直接影响判决结果。如果口译员无视职业道德，偏袒某一方，故意错译、漏译，或在其译文中增添信息，将严重影响庭审公平，损害当事人的权益。对此，应当制定规范法庭口译员职业道德的相关规定，提高法庭口译的客观性和公正性。

同时，介于法庭口译的压力极大，笔者建议，一场庭审可以聘用多个法庭口译员，进行交替传译。法庭各个口译员由于在文化背景、对源语和目的语的了解程度、法律专业性以及口译功底等方面

存在差异,对庭审会话的掌控和口译效果自然相差甚远,因此,法院在庭审前应对法庭口译员进行相关培训,以尽可能统一口译员的庭审表现和口译效果。

六、结语

诚如美国司法学会的 *Court Interpretation: Model Guides for Policy and Practice in the State Courts*(《法庭口译:州法院法庭口译政策与实践指南》)[①]所指出的,译员的职责有两个方面:(1)确保英语的诉讼能准确地反映非英语说话人的原话语;(2)使不懂英语的说话人与懂英语的说话人处于平等的位置。[②] 跨文化交流已经成为国际常态,涉外庭审应运而生,并成为国际交流公正进行的保障,而法庭口译和法庭口译员正是实现这一公正的中枢。通过运用"语言游戏说"的"意义即用法""生活形式""遵循规则"这三层含义,可从更为微观的层面、更贴近语言本身的视角对法庭口译活动进行分析,以规范法庭口译活动,提高法庭口译员的口译能力。当然,每个理论都有局限性,"语言游戏说"也不例外,加之笔者本身研究工作不够全面,尤为必要进行更进一步的探求,以期对法庭口译有新的突破和发展。

---

① William E Hewitt, National Center for States Courts, State Justice Institution(u. s.), *Court Interpretation: Model Guides for Policy and Practice in the State Courts*, (Williamsburg, Va.): National Center for State Courts, 1995.

② 梅劼:《〈法庭口译:州法院法庭口译政策与实践指南〉(4 个章节)翻译报告》,四川外国语大学 2013 年硕士学位论文。原文英文为"The interpreter has a twofold duty: 1) to ensure that the proceedings in English reflect precisely what was said by a non-English speaking person, and 2) to place the non-English speaking person on an equal footing with those who understand English"。

征稿启事

《法论》由硕士研究生、博士研究生自行编辑，创办于 1985 年，2013 年改版为 1 年 1 卷。

一、征稿形式

文章内容尽量以法学热点问题研究为主，形式不限（学术论文、案例评析、法学书评、时事点评等内容）。有法政时评、理论探究、实务探微等分类。

二、征稿说明

（1）来稿文责自负，作者应保证其作品不侵犯其他个人或组织的著作权；所载文章观点均属作者本人，并不代表编辑部观点。

（2）禁止“一稿多投”行为，来稿无论采用与否，编辑部均将在每卷征稿结束之日起 30 天内回复审稿意见，来稿请自留底稿，恕不退稿。

（3）字数须在 8000 ~ 10000 字，重复率不超过 15%。

（4）所有来稿需附英文标题。翻译稿需附原文以及原文作者或出版者对于此翻译的书面授权许可（包括 Email）。

(5)投稿格式规范详见《法论》博客 http://falunbjb. fyfz. cn/b/86228。

(6)为保证稿件质量和用稿公正,实行双向匿名审稿制度,一审、二审均由博士研究生编辑审稿,三审由学科顾问老师负责,主编进行终审。

(7)校级科研项目可发表在本书结项,请在稿件中注明项目名称。

(8)不收取任何费用,目前暂不支付作者稿酬;来稿一经使发,即敬奉样书。

三、投稿方式

(1)请将电子版投至:fa_lun@126. com,邮件主题以"文章题目+姓名+手机号"命名。

(2)请务必在邮件中及文稿后面注明稿件联系人的姓名、工作单位、通信地址、电话、邮编等详细联系方式,在审稿期间保持通信畅通,方便进行稿件修订。

图书在版编目（CIP）数据

法论. 第29卷. 第2辑 / 李燕主编. —北京：法律出版社，2017.5
ISBN 978-7-5197-0820-7

Ⅰ. ①法… Ⅱ. ①李… Ⅲ. ①法学—文集 Ⅳ. ①D90-53

中国版本图书馆CIP数据核字（2017）第100229号

法论·第29卷·第2辑
FALUN·DI 29 JUAN·DI 2 JI

李 燕 主编

策划编辑 陈 妮
责任编辑 陈 妮
装帧设计 贾丹丹

出版 法律出版社
总发行 中国法律图书有限公司
经销 新华书店
印刷 北京京华虎彩印刷有限公司
责任校对 王晓萍
责任印制 吕亚莉

编辑统筹 财经出版分社
开本 A5
印张 5.625
字数 150千
版本 2017年6月第1版
印次 2017年6月第1次印刷

法律出版社/北京市丰台区莲花池西里7号（100073）
网址/www.lawpress.com.cn
投稿邮箱/info@lawpress.com.cn
举报维权邮箱/jbwq@lawpress.com.cn
销售热线/010-63939792
咨询电话/010-63939796

中国法律图书有限公司/北京市丰台区莲花池西里7号（100073）
全国各地中法图分、子公司销售电话：
统一销售客服/400-660-6393
第一法律书店/010-63939781/9782 西安分公司/029-85330678 重庆分公司/023-67453036
上海分公司/021-62071639/1636 深圳分公司/0755-83072995

书号：ISBN 978-7-5197-0820-7 **定价**：40.00元